Navegar el amor: La odisea de las citas en el siglo XXI

Una guía completa para las mujeres modernas: desde las citas en línea hasta la gestión de conflictos, descubriendo la autenticidad y creciendo a través de cada experiencia.

Simon Love

Introducción En el vibrante y siempre cambiante mundo de las citas, una cosa ha permanecido constante: la necesidad de comprenderse a uno mismo y ser consciente de sí mismo. A medida que el panorama de las citas ha evolucionado con la llegada de nuevas tecnologías y cambios culturales, la importancia de conocernos profundamente antes de sumergirnos en esta aventura no puede ser subestimada.

Conciencia de sí mismo: Esto no es solo un cliché o una frase de un manual de autoayuda. Es un proceso profundo y continuo de reflexión sobre nuestras propias necesidades, deseos, valores y expectativas. Y en un mundo en el que a menudo se nos alienta a compararnos con estándares externos, ya sea a través de películas románticas, historias de Instagram o consejos de amigos bien intencionados, es fundamental volver a nosotros mismos. Solo con una comprensión clara de lo que queremos y de quiénes somos, podemos ingresar al juego de las citas con una dirección definida y una auténtica vulnerabilidad.

Y aquí es donde llegamos al concepto de "jugar el juego" en las citas. ¿Qué significa realmente? Muchas personas lo ven como una serie de estrategias para "ganar" la atención o el afecto de alguien. Otros lo ven como un juego de roles en el que somos actores en un drama que esperamos que tenga un final feliz. Pero "jugar el juego" puede ser algo mucho más profundo y significativo. Puede implicar expresar nuestra autenticidad, establecer conexiones genuinas con otros y aprender en el proceso. No se trata de manipulación ni de usar una máscara, sino de mostrarnos auténticos, con nuestras virtudes y defectos, y encontrar a alguien que nos aprecie por lo que realmente somos.

A la luz de esto, este libro explorará cómo navegar en el mundo de las citas con integridad, autenticidad y un sólido autoconocimiento. Ofreceremos herramientas, consejos y reflexiones para ayudar a cada mujer a encontrar su camino, independientemente de las expectativas externas. Porque al final, el verdadero "juego" de las citas no se trata de la conquista, sino de la conexión.

Bienvenidas a este viaje de autodescubrimiento en el mundo de las citas. Y ahora, empecemos.

En la era moderna de las citas, donde deslizar hacia la derecha y hacia la izquierda domina nuestra búsqueda de un compañero, la conciencia de sí mismo emerge como el ancla que puede mantener estable nuestro barco en medio de estas aguas tumultuosas. Las aplicaciones de citas, aunque son herramientas extraordinarias para ampliar nuestro horizonte de posibles parejas, también pueden llevar a una cierta despersonalización de la experiencia de las citas. En este contexto, comprender claramente lo que queremos y quiénes somos se vuelve aún más crucial.

Considera la conciencia de sí mismo como una brújula interna. En un mar de perfiles, mensajes y primeras impresiones, puede ser fácil perderse en el ruido o sentirse abrumado por las expectativas, tanto las nuestras como las de los demás. Pero con una brújula sólida, podemos navegar con determinación, evitando ser arrastrados en direcciones que no reflejen nuestros verdaderos deseos o valores.

Sin embargo, la conciencia de sí mismo no es algo que se adquiera de la noche a la mañana. Requiere introspección, reflexión y, a veces, incluso el coraje de enfrentar verdades incómodas sobre nosotros mismos. Puede significar admitir que tenemos miedo al compromiso o reconocer que en el pasado permitimos que las personas equivocadas ingresaran en nuestras vidas debido a una baja autoestima. También puede significar comprender que lo que queremos de una relación ahora podría ser diferente de lo que queríamos hace cinco o diez años.

Y mientras nos sumergimos en este viaje de autodescubrimiento, otro concepto surge de manera destacada: "jugar el juego". El término "juego" a menudo tiene connotaciones negativas cuando se trata de citas, sugiriendo tácticas de manipulación o un enfoque deshonesto. Pero si lo vemos desde otra perspectiva, "jugar el juego" puede representar el camino de aprendizaje y adaptación que atravesamos en el mundo de las citas.

De hecho, cada interacción, cada cita y cada relación (independientemente de su duración) nos brinda una lección. Estas lecciones, si se observan y asimilan adecuadamente, perfeccionan nuestra capacidad para entendernos a nosotros mismos y lo que deseamos en un compañero. Nos enseñan a reconocer los comportamientos que valoramos y aquellos que no toleramos. Nos muestran cómo podríamos reaccionar en ciertas situaciones y cómo podríamos desear reaccionar en el futuro. Y, al final, nos ayudan a jugar mejor, en el sentido de tener interacciones más auténticas, honestas y gratificantes.

Además, "jugar el juego" también puede reflejar nuestra capacidad para permanecer abiertos y curiosos. Aunque hayamos tenido malas experiencias en el pasado, cada nueva persona que conocemos es un individuo único con sus propias historias y lecciones que ofrecer. Entrar en el mundo de las citas con una actitud de curiosidad en lugar de cinismo nos permite ver cada nueva interacción como una oportunidad en lugar de un campo de minas potencial.

Esto no significa que debamos ignorar las señales de advertencia o lanzarnos a ciegas en situaciones que sintamos que no son adecuadas para nosotros.

Significa simplemente que, armados con nuestra brújula interna de la conciencia de sí mismo, podemos enfrentar el mundo de las citas con un equilibrio entre precaución y apertura, listos para aprender, crecer y, finalmente, encontrar una conexión que realmente resuene con quiénes somos.

2. Historia de las Citas: Cómo han Cambiado las Dinámicas de Citas a lo Largo del Tiempo

Reflexionar sobre la historia de las citas nos proporciona una lente a través de la cual podemos observar no solo la evolución de las relaciones románticas, sino también los cambios socio-culturales, económicos y tecnológicos que han influido en dicha evolución. El arte y la dinámica del cortejo han experimentado múltiples metamorfosis, cada una de las cuales ha dejado una huella indeleble en la forma en que percibimos y abordamos el amor hoy en día.

Antigüedad: En las antiguas civilizaciones, como la griega y la romana, las citas y el matrimonio eran a menudo transacciones diseñadas para asegurar alianzas políticas o económicas entre familias. El amor romántico, tal como lo concebimos hoy, no necesariamente estaba en la base de estas uniones. Sin embargo, esto no significa que el amor y la pasión no existieran; más bien, tenían un papel diferente en la estructura social en general.

Edad Media: Durante la Edad Media, surgió la idea del cortejo caballeresco en Europa. Caballeros y damas se cortejaban a través de poesía, canciones y gestos románticos, idealizando a menudo al objeto de su afecto. A pesar de la presencia de la idea de amor romántico, muchas uniones aún se organizaban en función de consideraciones económicas o sociales.

Época Victoriana: Con la época victoriana, surgieron normas y rituales rígidos en relación al cortejo. Las "visitas" se convirtieron en una práctica común, donde un joven visitaría a una joven en su casa, siempre bajo supervisión de un adulto. La discreción y la privacidad eran fundamentales.

Años 20 y 30: El siglo XX temprano vio una mayor liberalización en las citas. El automóvil, por ejemplo, desempeñó un papel crucial, permitiendo a las parejas más privacidad y autonomía. El concepto de "salir" de manera informal se volvió más popular, especialmente entre los jóvenes.

Años 60 y 70: La revolución sexual de esta época condujo a una revisión drástica de las normas tradicionales en las citas y las relaciones. El amor libre y la emancipación de las mujeres cambiaron profundamente las dinámicas y expectativas en torno a las citas.

Años 80 y 90: Con la llegada de las primeras salas de chat y servicios de citas telefónicas, la tecnología comenzó a desempeñar un papel en el mundo de las citas, aunque de manera muy diferente a la actual.

2000 en adelante: La digitalización de las citas se ha apoderado del escenario. Sitios web como Match.com y, posteriormente, aplicaciones como Tinder, han revolucionado la forma en que las personas se conocen e interactúan. La velocidad y facilidad de estas plataformas han dado a las personas un mayor poder de elección, pero también han planteado nuevos desafíos, como la abundancia de opciones y la superficialidad.

Hoy en día, mientras nos encontramos en una era en la que la autonomía personal y la libertad de elección están en el centro de la escena de las citas, es fundamental recordar cómo las dinámicas pasadas han influenciado y moldeado las actuales. La historia de las citas nos muestra que, aunque los métodos y las expectativas pueden cambiar, la búsqueda de conexión, comprensión y amor sigue siendo una constante en la experiencia humana.

Después del auge de las plataformas de citas en línea a principios de los años 2000, ha habido una continua evolución en las dinámicas de las citas. La influencia de las redes sociales, por ejemplo, ha hecho que la "presentación" en línea sea casi tan importante como las interacciones cara a cara. Facebook, Instagram y otras plataformas han ofrecido a las personas la posibilidad de construir y mantener una imagen pública, lo que afecta las primeras impresiones y percepciones en las relaciones incipientes.

Paralelamente al auge de las redes sociales, la velocidad y eficiencia de las modernas aplicaciones de citas también han llevado al fenómeno del "ghosting" (desaparecer sin explicaciones de una relación o conversación), alimentado por la aparentemente interminable variedad de opciones disponibles y la relativa facilidad para evitar conversaciones difíciles en un entorno digital.

Otro cambio significativo ha sido el aumento de la globalización en el mundo de las citas. Con aplicaciones y sitios web que conectan a personas de diferentes partes del mundo, las relaciones a larga distancia, que alguna vez fueron una excepción, se han vuelto mucho más comunes. Esta globalización también ha llevado a un mayor intercambio cultural, con personas navegando por los desafíos y bellezas de las relaciones interculturales como nunca antes.

Al mismo tiempo, con el avance de la tecnología y la digitalización, ha habido un retorno a las raíces en algunos aspectos de las citas. El "slow dating", por ejemplo, es un movimiento que alienta a las personas a tomarse su tiempo para conocer posibles parejas, haciendo hincapié en la calidad de las interacciones en lugar de la cantidad. Esto puede verse como una reacción a la frenética sobrecarga de opciones ofrecida por las aplicaciones de citas tradicionales.

Además, mientras que las aplicaciones de citas se han convertido en la norma, también ha habido una creciente conciencia de los desafíos de seguridad asociados con conocer a desconocidos en línea. Esto ha llevado a innovaciones como videollamadas integradas, controles de seguridad más estrictos y otras características diseñadas para hacer que las citas en línea sean una experiencia más segura.

La fluidez de género y la ampliación de la comprensión de las identidades sexuales también han dejado una marca indeleble en el panorama de las citas modernas. Aplicaciones como Grindr, HER y otras plataformas específicas para la comunidad LGBTQ+ han ofrecido nuevas oportunidades para conexiones que una vez fueron marginadas u ostracizadas. La aceptación y comprensión de las diversas identidades y orientaciones sexuales han llevado a un panorama de citas más inclusivo y diverso.

devi tradurre in SPAGNOLO mantenendo la formattazione originale compresi gli elenchi puntati e i titoli mettendo in grassetto le parole importanti in modo corretto il seguente testo: Infine, la recente pandemia di COVID-19 ha avuto un impatto significativo sulla scena degli appuntamenti. Le lockdown e le restrizioni sociali hanno limitato le interazioni faccia a faccia, spingendo ancora di più le persone verso piattaforme digitali. Gli appuntamenti virtuali, le videochiamate e le interazioni online sono diventati la norma, forzando le persone a trovare nuovi modi per stabilire connessioni autentiche attraverso gli schermi. Questo periodo ha anche portato molte persone a riflettere sulle proprie priorità in termini di relazioni, con molte che riconoscono il valore delle connessioni profonde e significative rispetto ai legami superficiali. Nel contesto della scena degli appuntamenti post-pandemici, sono nate nuove tendenze e sfide. Una di queste è stata la crescente importanza della "compatibilità pandemica". Ovvero, individui che cercano partner che condividano le loro stesse visioni e pratiche in termini di sicurezza sanitaria, vaccinazione e comportamenti durante la pandemia. Questa nuova dimensione della compatibilità ha aggiunto un ulteriore strato di complessità al già intricato mondo degli appuntamenti. Parallelamente, la distanza fisica forzata ha riacceso un interesse per le forme di comunicazione tradizionali. Molti hanno riscoperto il fascino delle lettere d'amore scritte a mano, dei regali pensati con cura e degli appuntamenti virtuali ben pianificati, che spesso imitano esperienze reali, come guardare un film insieme o cenare a lume di candela tramite videochiamata. Questa "vecchia scuola" di corteggiamento ha offerto una pausa nostalgica dalla frenetica natura digitale degli appuntamenti moderni. Le dinamiche degli appuntamenti sono state anche influenzate dalle crescenti discussioni globali su temi come giustizia sociale, equità di genere e cambiamenti climatici. La "compatibilità dei valori" è diventata sempre più rilevante, con molte persone che desiderano partner che condividano non solo interessi personali, ma anche visioni e impegno su questioni globali. App di incontri come OkCupid hanno iniziato a includere domande legate a temi sociali e politici, permettendo agli utenti di vedere con chi sono allineati su queste questioni cruciali. Oltre a ciò, c'è stato un crescente riconoscimento della necessità di benessere mentale nella scena degli appuntamenti. La consapevolezza delle sfide mentali e emotive associate agli appuntamenti – come l'ansia da appuntamento, la pressione sociale di trovare un partner o la gestione di relazioni passate – ha portato a una maggiore enfasi sul supporto emotivo e sull'importanza della comunicazione. Molti stanno cercando relazioni in cui la salute mentale e l'autoconsapevolezza sono valutate e prioritizzate. Nel contesto della tecnologia, anche la realtà aumentata e virtuale ha iniziato a fare la sua comparsa nel dominio degli appuntamenti. Sebbene ancora agli albori, l'idea di avere appuntamenti virtuali in ambienti tridimensionali o l'utilizzo della realtà aumentata per migliorare gli appuntamenti fisici presenta infinite possibilità per il futuro. Immagina di poter esplorare una città digitale insieme o di avere un "filtro" di realtà aumentata durante un appuntamento che fornisce informazioni o attività divertenti. Infine, c'è stato un crescente desiderio di autenticità. In un'era di profili curati, influencer e realtà spesso filtrata, molte persone stanno cercando connessioni autentiche e genuine. Questo ha portato a un'apprezzamento per le imperfezioni, le storie personali e le esperienze di vita reali. In un mondo saturato di connessioni superficiali, la profondità e la sincerità sono diventate merce rara e preziosa. Mentre la scena degli appuntamenti continua ad adattarsi e a evolversi, la ricerca di una connessione vera e significativa rimane, come sempre, al centro del desiderio umano. La storia degli appuntamenti, come abbiamo tracciato, riflette profondamente l'evoluzione della società e delle sue priorità. Iniziando dai tempi antichi, dove gli appuntamenti e le unioni erano spesso strumentali a fini politici o economici, fino ad oggi, in un'era digitale in cui le possibilità di connessione sono quasi infinite, abbiamo visto mutare profondamente le dinamiche dell'amore e del corteggiamento. Ma con questa evoluzione sono arrivati anche nuovi dilemmi. L'introduzione della tecnologia ha certamente ampliato l'orizzonte delle opportunità romantiche, ma ha anche introdotto sfide inedite. In un mondo in cui un match o una connessione è a portata di click, emerge la questione: cosa significa veramente connettersi con qualcuno? Questa domanda ha portato molte persone a cercare autenticità in un mare di opzioni apparentemente infinite. Le recenti crisi globali, come la pandemia di COVID-19, hanno ulteriormente complicato la scena degli appuntamenti, introducendo nuove dimensioni di compatibilità e rinnovando l'importanza della comunicazione e dell'empatia. Hanno anche enfatizzato la fragilità e il valore delle connessioni umane, spingendo molte persone a riflettere profondamente su ciò che cercano in un partner. L'attuale panorama degli appuntamenti, con la sua combinazione di tecnologia avanzata e crescente desiderio di profondità e autenticità, rappresenta un crocevia. Le persone ora navigano in un equilibrio delicato tra l'apprezzamento delle nuove opportunità offerte dalla tecnologia e il desiderio intrinseco di connessioni profonde, autentiche e significative. La storia ci ha mostrato che, nonostante le sfide e i cambiamenti, la ricerca dell'amore e della connessione è una costante dell'esperienza umana. E come le generazioni passate hanno trovato modi per navigare nelle dinamiche del loro tempo, anche l'individuo moderno si adatta, apprende e cresce in questa continua evoluzione del gioco d'amore. In ultima analisi, la storia degli appuntamenti è un riflesso della nostra incessante aspirazione a comprendere, connetterci e, infine, amare e essere amati in un mondo in continua evoluzione.

ChatGPT

Infine, la reciente pandemia de COVID-19 ha tenido un impacto significativo en la escena de las citas. Los confinamientos y las restricciones sociales han limitado las interacciones cara a cara, empujando a las personas aún más hacia las plataformas digitales. Las citas virtuales, las videollamadas y las interacciones en línea se han convertido en la norma, obligando a las personas a encontrar nuevas formas de establecer conexiones auténticas a través de las pantallas. Este período también ha llevado a muchas personas a reflexionar sobre sus prioridades en términos de relaciones, con muchas reconociendo el valor de conexiones profundas y significativas en lugar de vínculos superficiales.

En el contexto de la escena de las citas postpandémicas, han surgido nuevas tendencias y desafíos. Uno de ellos ha sido la creciente importancia de la "compatibilidad pandémica". Es decir, individuos que buscan parejas que compartan sus mismas visiones y prácticas en cuanto a seguridad sanitaria, vacunación y comportamientos durante la pandemia. Esta nueva dimensión de la compatibilidad ha agregado una capa adicional de complejidad a un mundo de citas que ya era intrincado.

Paralelamente, la distancia física forzada ha reavivado el interés por las formas de comunicación tradicionales. Muchos han redescubierto el encanto de las cartas de amor escritas a mano, los regalos cuidadosamente pensados y las citas virtuales bien planificadas, que a menudo imitan experiencias reales, como ver una película juntos o cenar a la luz de las velas a través de una videollamada. Esta forma "antigua" de cortejo ha ofrecido un respiro nostálgico de la naturaleza frenética de las citas modernas.

Las dinámicas de las citas también han sido influenciadas por las crecientes conversaciones globales sobre temas como la justicia social, la equidad de género y el cambio climático. La "compatibilidad de valores" se ha vuelto cada vez más relevante, con muchas personas deseando parejas que compartan no solo intereses personales, sino también visiones y compromisos en cuestiones globales. Aplicaciones de citas como OkCupid han comenzado a incluir preguntas relacionadas con temas sociales y políticos, permitiendo a los usuarios ver con quiénes están alineados en estos asuntos cruciales.

Además de esto, ha habido un creciente reconocimiento de la necesidad de bienestar mental en la escena de las citas. La conciencia de los desafíos mentales y emocionales asociados con las citas, como la ansiedad por las citas, la presión social para encontrar una pareja o la gestión de relaciones pasadas, ha llevado a un mayor énfasis en el apoyo emocional y en la importancia de la comunicación. Muchos están buscando relaciones en las que la salud mental y la autoconciencia sean valoradas y prioritarias.

En el contexto de la tecnología, la realidad aumentada y virtual también ha comenzado a hacer su aparición en el ámbito de las citas. Aunque todavía está en sus primeras etapas, la idea de tener citas virtuales en entornos tridimensionales o el uso de la realidad aumentada para mejorar las citas físicas presenta infinitas posibilidades para el futuro. Imagina poder explorar una ciudad digital juntos o tener un "filtro" de realidad aumentada durante una cita que proporciona información o actividades divertidas.

Finalmente, ha habido un creciente deseo de autenticidad. En una era de perfiles cuidadosamente elaborados, influencers y una realidad a menudo filtrada, muchas personas están buscando conexiones auténticas y genuinas. Esto ha llevado a un aprecio por las imperfecciones, las historias personales y las experiencias de vida reales. En un mundo saturado de conexiones superficiales, la profundidad y la sinceridad se han convertido en algo raro y valioso. Mientras la escena de las citas continúa adaptándose y evolucionando, la búsqueda de una conexión verdadera y significativa permanece, como siempre, en el centro del deseo humano.

La historia de las citas, como hemos trazado, refleja profundamente la evolución de la sociedad y sus prioridades. Desde los tiempos antiguos, donde las citas y las uniones a menudo eran instrumentales para fines políticos o económicos, hasta hoy, en una era digital en la que las posibilidades de conexión son casi infinitas, hemos visto cambiar profundamente las dinámicas del amor y el cortejo. Pero con esta evolución también han surgido nuevos dilemas.

La introducción de la tecnología ciertamente ha ampliado el horizonte de las oportunidades románticas, pero también ha introducido desafíos sin precedentes. En un mundo donde un match o una conexión están a solo un clic de distancia, surge la pregunta: ¿qué significa realmente conectarse con alguien? Esta pregunta ha llevado a muchas personas a buscar autenticidad en un mar de opciones aparentemente infinitas.

Las recientes crisis globales, como la pandemia de COVID-19, han complicado aún más la escena de las citas, introduciendo nuevas dimensiones de compatibilidad y renovando la importancia de la comunicación y la empatía. También han enfatizado la fragilidad y el valor de las conexiones humanas, llevando a muchas personas a reflexionar profundamente sobre lo que están buscando en un compañero.

El panorama actual de las citas, con su combinación de tecnología avanzada y un creciente deseo de profundidad y autenticidad, representa un cruce de caminos. Las personas navegan en un delicado equilibrio entre apreciar las nuevas oportunidades que ofrece la tecnología y el deseo intrínseco de conexiones profundas, auténticas y significativas. La historia nos ha mostrado que, a pesar de los desafíos y los cambios, la búsqueda del amor y la conexión es una constante en la experiencia humana. Y al igual que las generaciones pasadas encontraron formas de navegar en las dinámicas de su época, el individuo moderno se adapta, aprende y crece en esta continua evolución del juego del amor. En última instancia, la historia de las citas es un reflejo de nuestra incesante aspiración a comprender, conectarnos y, finalmente, amar y ser amados en un mundo en constante evolución.

3. **Autoconciencia y Autoevaluación**: La importancia de conocerse a uno mismo antes de entrar en el mundo de las citas. La autoconciencia es la clave para comprender y reconocer nuestros propios sentimientos, motivaciones, deseos y miedos. Es la base desde la cual podemos entender lo que nos impulsa, lo que nos retiene y cómo interactuamos con los demás. Cuando hablamos de citas y relaciones, la autoconciencia se vuelve aún más crucial. Aquí está por qué. Conocer nuestros valores y deseos. Antes de buscar una pareja o entrar en una

relación, es fundamental tener una comprensión clara de lo que representa para nosotros un valor y lo que deseamos en la vida. Esto nos permite encontrar una pareja que comparta o respete estos mismos valores y aspiraciones, creando una base sólida para una relación a largo plazo. Reconocer patrones de comportamiento. Todos tenemos patrones de comportamiento que se manifiestan en las relaciones, a menudo arraigados en nuestras experiencias pasadas. Ser conscientes de estos patrones nos ayuda a evitar caer en trampas de comportamiento repetitivas que pueden dañar nuestras relaciones. Gestionar expectativas y límites. La capacidad de establecer y comunicar nuestros propios límites, así como comprender y gestionar nuestras expectativas en una relación, es esencial. Entrar en el mundo de las citas con una comprensión clara de lo que se puede tolerar y lo que se desea permite construir relaciones más saludables y evitar decepciones. Mejorar la comunicación. La autoconciencia influye en la capacidad de comunicarse de manera efectiva. Cuando conocemos nuestras emociones y reacciones, es más fácil expresarlas de manera constructiva y escuchar activamente a la pareja. Prevenir la pérdida de uno mismo. Uno de los peligros de las relaciones es la posibilidad de "perderse" en la pareja, especialmente si no se tiene una comprensión clara de quién se es como individuo. La autoconciencia sirve como brújula, guiándonos para mantener nuestra individualidad incluso dentro de una relación.

Promover el crecimiento personal. Por último, la capacidad de autoevaluarse y reconocer áreas de crecimiento es fundamental no solo para nuestro desarrollo personal, sino también para el crecimiento dentro de una relación. Una comprensión profunda de uno mismo permite abordar y superar los desafíos de manera proactiva, tanto como individuo como pareja. En resumen, entrar en el mundo de las citas con una sólida comprensión de uno mismo ofrece una base más sólida sobre la cual construir relaciones. Esta conciencia no solo mejora la calidad de las relaciones, sino también nuestra felicidad y satisfacción dentro de ellas. Mientras que la escena de las citas puede cambiar y evolucionar, la necesidad de autoconciencia y autoevaluación sigue siendo una constante, fundamental para encontrar y mantener relaciones significativas y duraderas.

Mientras que la autoconciencia sirve como un pilar fundamental en la búsqueda de relaciones auténticas y duraderas, el acto de autoevaluación sirve como complemento, guiando constantemente nuestro viaje de crecimiento interno.

Cada interacción, cada cita y cada relación presenta oportunidades únicas de aprendizaje. Cuando nos acercamos a las citas con una actitud reflexiva, podemos ver estos momentos no solo como pasos hacia encontrar la pareja adecuada, sino también como espejos que reflejan aspectos de nosotros mismos que de otro modo podrían permanecer ocultos. Por ejemplo, una reacción emocional inesperada durante una cita podría revelar heridas antiguas o inseguridades que aún no hemos abordado.

Del mismo modo, comprender y reconocer nuestras necesidades en una relación puede ser un desafío. Muchos entran en el mundo de las citas con una idea preconcebida de lo que están buscando en una pareja, basada en normas sociales, expectativas familiares o experiencias pasadas. Sin embargo, estas ideas preconcebidas a menudo pueden nublar nuestra capacidad de ver lo que realmente necesitamos. La autoevaluación nos permite destilar estas necesidades, separándolas de las expectativas externas y centrándonos en lo que realmente nos hace felices y satisfechos.

Además, la capacidad de autoevaluarse conduce a una mayor resiliencia en las citas. La realidad es que no todas las citas o relaciones serán exitosas. Habrá desilusiones, corazones rotos y momentos de duda. Sin embargo, con una sólida comprensión de uno mismo, estos desafíos se vuelven menos desalentadores. En lugar de ver estos momentos como fracasos, la autoevaluación nos permite verlos como oportunidades de crecimiento y aprendizaje.

Del mismo modo, la conciencia de nuestras fortalezas y debilidades puede influir profundamente en la dinámica de una relación. Por ejemplo, si alguien sabe que tiene dificultades para comunicarse cuando está bajo estrés, puede adoptar estrategias o hablar con su pareja sobre este aspecto, creando un ambiente de comprensión y apoyo.

La confianza es otro aspecto crucial en el mundo de las citas, y la autoconciencia está estrechamente relacionada con la construcción de una sólida autoestima. Cuando conocemos nuestro propio valor y somos conscientes de nuestras habilidades, somos menos propensos a conformarnos con relaciones que no cumplan con nuestros estándares o caer en dinámicas tóxicas.

Finalmente, considerando la naturaleza cada vez más digital de las citas modernas, con su amplia gama de aplicaciones y plataformas, tener una comprensión clara de uno mismo puede ayudar a navegar en este mar de posibilidades con un sentido de dirección y propósito. En lugar de sentirse abrumados por las infinitas opciones, aquellos con una fuerte autoconciencia pueden abordar el mundo de las citas en línea con una visión clara, filtrando eficazmente las oportunidades que realmente reflejan lo que están buscando en una pareja y en una relación.

En el profundo viaje de comprensión de uno mismo, emerge una verdad fundamental: cada individuo es un conjunto único de experiencias, expectativas, sueños y miedos. Si bien el mundo de las citas a menudo puede parecer un rompecabezas complicado, la clave para navegar en él con éxito radica en gran medida en nuestra capacidad para comprendernos y aceptarnos a nosotros mismos.

Dentro del contexto de las citas, la comprensión de uno mismo no solo afecta al tipo de pareja que atraemos o buscamos, sino también a cómo enfrentamos y superamos los desafíos. Por ejemplo, los celos son una reacción emocional que muchas personas experimentan en una relación. Sin embargo, para aquellos que son conscientes de sus inseguridades y miedos, los celos pueden abordarse no como una señal de problemas en la relación, sino como una oportunidad para abordar y resolver problemas personales pendientes.

De manera similar, la conciencia de nuestros estilos de apego puede influir profundamente en cómo abordamos las relaciones. ¿Somos evitativos, ansiosos o seguros en nuestros estilos de apego? Comprender estas tendencias puede iluminar no solo por qué actuamos de cierta manera en una relación, sino también qué tipos de dinámicas de relación pueden ser más saludables para nosotros.

En el mundo moderno, donde el concepto de amor y relación está constantemente influenciado y moldeado por películas, series de televisión, redes sociales y cultura popular, es fácil perder de vista lo que realmente significa tener una conexión auténtica con otro individuo. Aquí es donde la autoconciencia sirve como ancla. Nos permite separar las expectativas romanticizadas de la realidad y nos guía hacia relaciones basadas en la verdad, la honestidad y la comprensión mutua, en lugar de ideales irrealistas.

Muchos expertos en relaciones también enfatizan la importancia de la atención plena o "mindfulness" en el mundo de las citas. Esta práctica, que tiene sus raíces en las tradiciones meditativas, se refiere a la capacidad de permanecer presentes y conscientes en el momento. Para quienes practican la atención plena en las citas, hay una mayor capacidad para escuchar verdaderamente a la pareja, percibir las propias emociones sin juzgar y actuar de acuerdo con sus valores y deseos auténticos.

Además, la conciencia de nuestras "banderas rojas" personales puede ser una poderosa herramienta en el mundo de las citas. Estas a menudo se derivan de experiencias pasadas y representan comportamientos o rasgos que una persona sabe que no son compatibles con su felicidad o bienestar a largo plazo. Si bien es importante mantener una mente abierta y no ser demasiado rígidos en nuestras expectativas, tener claridad sobre lo que podría ser una señal de advertencia potencial puede protegernos de relaciones tóxicas o insatisfactorias.

Finalmente, no podemos pasar por alto el poder de la vulnerabilidad. Ser conscientes de uno mismo no significa solo reconocer y actuar sobre nuestras fortalezas, sino también aceptar y abrazar nuestras imperfecciones. La vulnerabilidad, cuando se comparte en un contexto de confianza y respeto, puede crear vínculos profundos y duraderos, ya que permite a dos personas ver y aceptar toda la gama de la naturaleza humana, tanto en sus luces como en sus sombras.

En el contexto de las citas y las relaciones, la autoconciencia y la autoevaluación no son simples palabras de moda o ideales efímeros. Son, en cambio, herramientas fundamentales para navegar eficazmente en el complejo tejido de las interacciones humanas y construir relaciones sólidas y duraderas.

A través de la profunda introspección, comprendemos mejor quiénes somos: nuestras fortalezas, debilidades, deseos, miedos y expectativas. Esta conciencia nos permite no solo seleccionar parejas compatibles, sino también enfrentar conflictos y desafíos con mayor equilibrio y sabiduría. En lugar de reaccionar impulsivamente o dejarnos llevar por las emociones del momento, podemos responder con intencionalidad y claridad, siempre teniendo en cuenta lo que es mejor para nosotros y para la relación.

Reconocer y comprender nuestros patrones de comportamiento, necesidades y estilos de apego puede llevar a una mayor claridad en las relaciones. Estamos mejor preparados para establecer límites saludables, comunicarnos de manera efectiva y evitar trampas o dinámicas tóxicas. Esta claridad conduce no solo a relaciones más saludables, sino también a un mayor sentido de satisfacción y realización personal.

Además, en una era en la que la tecnología y las redes sociales han transformado y, en algunos casos, complicado el panorama de las citas, la autoconciencia se erige como un faro. Nos guía a través de las aguas turbulentas de las citas en línea, ayudándonos a discernir entre conexiones superficiales y posibles parejas con las que podemos construir vínculos auténticos y duraderos.

En resumen, si bien el mundo de las citas puede estar en constante evolución, la necesidad de autoconciencia y autoevaluación permanece constante. Estas son las herramientas con las que podemos construir nuestra narrativa personal en el mundo de las citas, una narrativa que refleja nuestra verdad, nuestros valores y nuestra visión del amor y la asociación. Entrar en este mundo con una sólida comprensión de uno mismo no solo mejora la calidad de nuestras relaciones, sino que también nos permite abordar la búsqueda del amor con confianza, valentía y autenticidad.

4. **Definición de tus propios valores:**

- ¿Qué quieres realmente de una relación?

El concepto de "valores" a menudo evoca ideas de moralidad o ética, de lo que es correcto o incorrecto en un contexto universal. Sin embargo, cuando hablamos de valores en el contexto de las relaciones personales, nos referimos a algo mucho más íntimo y personal: los principios rectores que determinan lo que consideramos más importante y significativo en nuestras interacciones con otros.

Definir nuestros propios valores en una relación no es un ejercicio teórico, sino más bien un viaje de introspección y reflexión que puede iluminar el camino hacia una conexión auténtica y satisfactoria. Aquí hay algunas consideraciones clave:

1. **Prioridades y Aspiraciones Personales:** Antes de intentar entender qué queremos de una pareja, debemos comprender qué queremos para nosotros mismos. Esto puede incluir objetivos profesionales, aspiraciones personales, deseos familiares o incluso la dirección en la que deseamos que crezca nuestra espiritualidad. La claridad en estos aspectos puede ayudarnos a elegir parejas que respeten, compartan o al menos apoyen estas aspiraciones.

2. **Necesidades Emocionales:** Cada individuo tiene necesidades emocionales fundamentales: el

deseo de sentirse amado, valorado, comprendido, seguro. Identificar cuáles de estas necesidades son las más cruciales para ti te ayuda a comunicarlas de manera efectiva y buscar parejas dispuestas a satisfacerlas.

3. **Límites Personales:** Los límites no son solo barreras que protegen, sino también afirmaciones de lo que consideramos aceptable o inaceptable. Estos pueden relacionarse con cuestiones como la intimidad física, la gestión financiera, las relaciones con amigos o familiares, o cualquier otro aspecto de la convivencia diaria.

4. **Compartir Valores Fundamentales:** Si bien los opuestos a menudo se atraen, compartir valores fundamentales es a menudo lo que mantiene unida a una pareja a largo plazo. Esto podría relacionarse con temas como la fe, las opiniones políticas, la ética laboral o la visión de la paternidad.

5. **Definición de "Éxito" en una Relación:** El éxito de una relación no se mide solo en años juntos, sino en la calidad de esos años. ¿Quieres una relación tranquila y estable? ¿O una llena de aventuras y descubrimientos? Definir tu "éxito" personal te ayuda a navegar por las aguas de las relaciones con una brújula clara.

6. **Crecimiento y Cambio:** Las relaciones, al igual que las personas, crecen y cambian con el tiempo. Definir tus valores también significa reconocer y honrar tu potencial de crecimiento y cambio, y buscar un compañero que no solo

crezca contigo, sino que te anime a crecer como individuo.

En última instancia, cuando reflexionamos sobre la pregunta "¿Qué quieres realmente de una relación?", estamos tratando de entender cómo queremos sentirnos, cómo queremos ser tratados y qué tipo de vida queremos construir con otra persona. Esto requiere valentía, honestidad y, sobre todo, un profundo sentido de autoconciencia. Sin embargo, es este viaje interior el que conduce a relaciones más profundas, significativas y satisfactorias. Y en un mundo donde las relaciones a menudo pueden parecer complejas y abrumadoras, tener una comprensión clara de nuestros propios valores puede servir como una brújula que nos guía hacia conexiones que realmente resuenan con el corazón y el alma.

En el tejido de las relaciones humanas, la claridad de los valores personales actúa como una especie de filtro. Cada vez que interactuamos con posibles parejas o navegamos en el contexto de una relación existente, estos valores subrayan, a menudo de manera imperceptible, nuestras decisiones, reacciones y expectativas. Considera los valores como una especie de ADN de las relaciones; no determinan cada acción individual, pero influyen fuertemente en el curso general de las cosas.

Después de todo, vivimos en una época de opciones ilimitadas. Con las aplicaciones de citas y la globalización, las conexiones potenciales están a solo un clic de distancia. Pero con esta abundancia de opciones también viene una especie de paradoja: ¿cómo se elige y en qué se basa? Aquí es donde los valores personales se vuelven esenciales. No se trata solo de seleccionar a un compañero basado en una lista de requisitos, sino más bien de tener un profundo sentido de lo que realmente te resuena.

Por ejemplo, para algunas personas, la lealtad podría ser un valor fundamental. Pueden haber crecido en familias donde la lealtad era un pilar, o pueden haber experimentado en el pasado que la falta de lealtad causó un profundo dolor. Para estas personas, la capacidad de confiar plenamente en un compañero y sentirse seguros en la reciprocidad de esa confianza es esencial.

Para otros, el crecimiento personal podría estar en el centro de su red de valores. Pueden buscar parejas que los desafíen, que los introduzcan a nuevas ideas o experiencias, y que estén apasionados por el aprendizaje y el desarrollo tanto como ellos lo están.

Del mismo modo, hay personas para las que la independencia tiene un significado particular. Admiran y buscan parejas que respeten su espacio y su autonomía, y al mismo tiempo, desean mantener cierta independencia incluso en una relación cercana.

Incluso el concepto de familia varía considerablemente de persona a persona. Para algunos, la familia significa tener hijos y construir un hogar juntos. Para otros, podría significar viajar juntos por el mundo, o construir una comunidad de amigos y seres queridos. Para otros, podría significar tener mascotas o dedicarse a causas y comunidades.

Y luego están las pequeñas cosas, que a menudo no son tan pequeñas. ¿Cómo quieres pasar tu tiempo libre? ¿Cuál es tu enfoque hacia el dinero y las finanzas? ¿Cómo te sientes acerca de las tradiciones y las celebraciones? Incluso estos aspectos, aunque puedan parecer triviales al principio, están profundamente arraigados en nuestros valores personales y afectan nuestras relaciones de maneras que podríamos no reconocer de inmediato.

Pero una de las cosas más hermosas de los valores es que, aunque pueden ser profundamente personales, también pueden ser increíblemente universales. Todos, sin importar su origen, cultura o historia personal, necesitan amor, conexión, respeto y comprensión. Y aunque la forma en que interpretamos o vivimos estas necesidades puede variar, el corazón de estos deseos permanece igual. Y cuando reconocemos y honramos estos valores, tanto en nosotros mismos como en los demás, creamos espacio para relaciones verdaderamente profundas y transformadoras.

Definir tus propios valores en el ámbito de las citas y las relaciones no es una tarea estática, sino más bien un viaje en evolución. Esto es especialmente cierto en un mundo en constante cambio, donde nuevas experiencias y desafíos pueden llevarnos a reconsiderar o reafirmar lo que consideramos importante.

En muchas culturas, por ejemplo, el valor de la tradición tiene un peso significativo en las relaciones. La historia familiar, las tradiciones culturales y religiosas, y las expectativas de la comunidad pueden formar un telón de fondo contra el cual medimos nuestras relaciones. Para algunas personas, respetar estas tradiciones es fundamental, mientras que para otras, la libertad de elegir un camino diferente es igualmente vital. Esta tensión entre la tradición y la modernidad puede influir en la elección de pareja, las dinámicas relacionales e incluso la visión del futuro juntos.

En el contexto moderno de las citas, también tenemos el valor de la tecnología. ¿Cómo afectan las plataformas digitales nuestra percepción de las relaciones? Para muchos, la facilidad de conexión que ofrecen las aplicaciones de citas puede parecer tanto una bendición como una maldición. Por un lado, brinda la oportunidad de conocer a personas fuera de nuestra red social inmediata. Por otro lado, puede crear una ilusión de abundancia, donde la próxima conexión potencial siempre está al alcance, lo que dificulta concentrarse e invertir en una relación presente.

Y ¿qué decir de la compatibilidad? En una época en la que la ciencia y la tecnología nos ofrecen pruebas de compatibilidad basadas en el ADN o algoritmos de emparejamiento, ¿cómo equilibramos la confianza en la ciencia con la intuición y la experiencia personal? La compatibilidad puede basarse en una serie de parámetros medibles, pero también en el misterioso "clic" o "chispa" que muchas personas creen que está en el corazón de una relación verdaderamente especial.

La cuestión de los valores también se extiende a nuestras actitudes hacia los conflictos. ¿Cómo gestionas el desacuerdo en una relación? ¿Crees en la confrontación directa o prefieres una solución pacífica y armoniosa? Tu respuesta a estas preguntas está estrechamente relacionada con tus valores fundamentales sobre el respeto, la comunicación y la importancia de la armonía en una relación.

Finalmente, está la cuestión de la autenticidad. En un mundo en el que a menudo se nos anima a presentar una versión filtrada de nosotros mismos, tanto en línea como fuera de línea, ¿cómo permanecemos fieles a nosotros mismos y a nuestros valores? La autenticidad en una relación no significa solo ser honesto con tu pareja, sino también contigo mismo. Significa reconocer tus defectos e inseguridades, aceptar tus ambiciones y deseos, y tener el coraje de presentarte de manera auténtica, incluso cuando eso pueda parecer vulnerable.

En este amplio panorama de consideraciones, es evidente que los valores no son simples palabras escritas en un papel. Son la brújula que guía cada decisión, cada interacción y cada expectativa en una relación. Y aunque los desafíos y las circunstancias pueden cambiar, tener una comprensión clara de tus propios valores proporciona una base sólida sobre la cual construir conexiones auténticas y duraderas.

Definir tus propios valores no es solo un acto de introspección, sino que representa la construcción de un sólido cimiento para todas las futuras relaciones. En el laberinto de las relaciones modernas, estos valores actúan como una brújula, guiándonos a través de decisiones complejas y momentos de incertidumbre. Nos ayudan a reconocer no solo lo que deseamos en un compañero, sino también lo que esperamos de nosotros mismos dentro de una relación.

Cada valor que identificamos y honramos se convierte en un pilar en la estructura de nuestras relaciones. Por ejemplo, si valoramos la autenticidad, nos comprometemos a vivir con sinceridad, fomentando la transparencia y la verdad en cada interacción. Si el respeto está en el centro de nuestros valores, guiará cada una de nuestras acciones, asegurando que cada decisión, grande o pequeña, se tome teniendo en cuenta los sentimientos y las necesidades de los demás.

Sin embargo, reconocer tus propios valores no significa que la navegación en el mundo de las citas se vuelva inmediatamente sencilla. Por el contrario, puede presentar nuevos desafíos. Puedes encontrarte con personas que no comparten o no respetan tus valores, o puedes verte en la necesidad de reafirmar tus valores en situaciones difíciles. Pero tener claridad sobre lo que representa tu brújula interna te proporciona una guía invaluable, un punto de referencia que te permite moverte en el mundo de las citas con confianza y autenticidad.

En conclusión, en el contexto de un mundo en constante evolución, donde las citas a menudo pueden parecer cada vez más complejas y esquivas, volver a los fundamentos de tus propios valores proporciona una claridad esencial. Esta claridad no solo influirá en la elección de pareja, sino que también dará forma a la dinámica y la calidad de las relaciones que construyas. A través de la definición y la adhesión a tus valores, creas un contexto en el cual las relaciones pueden florecer en sinceridad, respeto y amor auténtico.

5. La importancia de la comunicación: Cómo comunicar tus necesidades, deseos y límites La comunicación es el sustento vital de cada relación. Más allá de los paseos románticos al atardecer o las cenas a la luz de las velas, es a través de la comunicación que dos personas construyen la comprensión mutua, resuelven conflictos y profundizan su vínculo. Pero la comunicación no es solo el acto de hablar; también se trata de escuchar, percibir y la capacidad de expresar auténticamente lo que se siente por dentro.

Expresar Tus Necesidades Las necesidades son fundamentales para nuestro bienestar. Pueden ser sobre seguridad emocional, necesidad de amor, atención o autonomía. Comunicar tus necesidades no es una señal de debilidad, sino más bien un acto de autoconciencia y valentía. Aquí tienes algunos pasos para hacerlo de manera efectiva:

1. **Auto-reflexión:** Antes de comunicar tus necesidades a los demás, primero debes comprenderlas tú mismo. Tómate un momento para reflexionar sobre lo que te hace sentir equilibrado, amado y seguro.

2. **Sé específico:** En lugar de decir "Me gustaría pasar más tiempo juntos", podrías decir "Me encantaría tener una noche a la semana solo para nosotros dos".

3. **Usa el "yo" en la comunicación:** Expresa tus necesidades en términos de lo que sientes o deseas, en lugar de lo que el otro no está haciendo. Por ejemplo, "Me siento apreciado cuando me escuchas atentamente" en lugar de "Nunca me escuchas".

Expresar Tus Deseos Los deseos son cosas que queremos pero que no son esenciales como las necesidades. Comunicar los deseos puede enriquecer la relación y llevar a una mayor satisfacción para ambos socios.

1. **Comparte tus sueños:** Habla de tus aspiraciones, de las cosas que deseas hacer o experimentar juntos.

2. **Sé abierto a compromisos:** Aunque los deseos son importantes, es esencial ser flexible y estar dispuesto a encontrar un punto medio.

Establecer Límites Los límites son fundamentales para una relación saludable. Protegen tu integridad personal y crean una distinción clara entre lo que es aceptable y lo que no lo es.

1. **Define claramente:** Si no quieres que tu pareja lea tus mensajes sin tu permiso, exprésalo claramente.

2. **Sé coherente:** Una vez que se establecen los límites, es esencial mantenerlos. La coherencia ayuda a construir confianza y respeto mutuo.

3. **Respeta los límites de los demás:** Así como deseas que se respeten tus límites, asegúrate de hacer lo mismo por tu pareja.

Mientras exploramos las facetas de la comunicación en las relaciones, se vuelve evidente que comunicar no es simplemente el acto de transmitir información. Es, en cambio, una intrincada mezcla de lenguaje, empatía, escucha activa y la habilidad para negociar significados comunes. En las relaciones, especialmente en las románticas, la apuesta es aún mayor, ya que la calidad de la comunicación puede tener un impacto directo en la duración y la satisfacción relacional.

El Lenguaje Corporal El lenguaje corporal es una parte esencial de la comunicación, a menudo pasada por alto. Los estudios sugieren que un gran porcentaje de nuestra comunicación no es verbal. Esto incluye gestos, expresiones faciales, contacto visual y postura. Por ejemplo, mientras las palabras de una pareja pueden expresar acuerdo, su lenguaje corporal, como evitar el contacto visual o cruzar los brazos, puede sugerir lo contrario. Estar atentos al lenguaje corporal de la pareja y al propio puede mejorar significativamente la comprensión mutua.

Empatía y Escucha Activa La empatía es la capacidad de ponerse en el lugar del otro, de sentir lo que sienten y entender su perspectiva. Esta habilidad es fundamental en las relaciones. Combinada con la escucha activa, donde se presta atención completa al otro sin interrumpir ni formular respuestas mentales, la empatía puede crear un ambiente seguro en el que ambos socios se sientan vistos y comprendidos.

Comunicación Digital y Relaciones En la era moderna, la comunicación digital ha asumido un papel dominante en las relaciones. Mensajes de texto, chats, videollamadas y redes sociales ofrecen nuevas formas de conectarse. Sin embargo, la comunicación digital también presenta desafíos únicos. Sin señales no verbales, puede ser fácil malinterpretar el tono o el significado de un mensaje. Las parejas deben aprender a navegar por este paisaje digital, asegurándose de que la tecnología enriquezca en lugar de obstaculizar su conexión.

Retroalimentación y Crítica Constructiva Cada relación pasa por momentos en los que es necesario brindar retroalimentación o abordar problemas. La clave está en hacerlo de manera constructiva. El uso de la técnica del "sándwich", donde la crítica se enmarca entre dos comentarios positivos, puede ayudar a que la comunicación sea menos conflictiva. También es útil evitar un lenguaje acusatorio y generalizaciones, como "siempre haces" o "nunca haces".

Gestión de Conflictos Incluso en las mejores relaciones, surgen conflictos. Lo que diferencia a las relaciones saludables de las menos saludables es cómo se gestionan estos conflictos. La clave es ver el conflicto como una oportunidad para crecer juntos en lugar de un campo de batalla. Esto implica evitar culpar, escuchar activamente y buscar soluciones en las que ambos ganen.

En el corazón de la comunicación está el deseo de conexión y comprensión mutua. A pesar de los desafíos que puedan surgir, tanto en las etapas iniciales como en las avanzadas de una relación, es a través de la comunicación continua, abierta y honesta que las parejas pueden construir una base sólida para un amor duradero.

La comunicación, como a menudo se observa, es tanto un arte como una ciencia. Esta dimensión multifacética se revela especialmente en las relaciones interpersonales, donde las palabras dichas (o no dichas) pueden tener un impacto profundo y duradero. Pero más allá de la palabra hablada, hay muchos otros niveles de comunicación que influyen en las interacciones románticas.

Inteligencia Emocional En el centro de una comunicación efectiva se encuentra la inteligencia emocional (IE). La IE comprende la capacidad de reconocer, comprender y gestionar las propias emociones, así como de reconocer, comprender e influir en las emociones de los demás. En las relaciones románticas, una fuerte IE puede ayudar a navegar a través de desafíos comunicativos como malentendidos, heridas emocionales o diferencias de opinión. La capacidad de sintonizar con las propias emociones y las del compañero puede reducir significativamente los conflictos y fomentar la comprensión mutua.

Sintonización y Presencia En una era dominada por la tecnología, donde las distracciones están siempre al alcance, estar verdaderamente presente durante una conversación se ha convertido en un arte raro. La sintonización implica la capacidad de estar completamente presente y atento al compañero, mostrando un interés auténtico en lo que están diciendo. Este tipo de atención completa no solo valora lo que el otro tiene que decir, sino que también fortalece el vínculo emocional entre los compañeros.

Códigos Culturales y Comunicación Las personas provienen de diferentes contextos culturales, y cada cultura tiene su propio conjunto único de códigos de comunicación. Estos códigos pueden incluir cómo se expresan las emociones, cómo se manejan los conflictos o incluso con qué frecuencia y abiertamente se habla de ciertos temas. Reconocer y respetar estos códigos culturales es fundamental, especialmente en relaciones interculturales, para evitar malentendidos y enriquecer la relación a través de la compartición y apreciación de las diferencias.

Vulnerabilidad Ser vulnerable significa mostrarse auténtico, con todas las imperfecciones, miedos y deseos propios. La vulnerabilidad puede ser vista como un riesgo, pero también es una forma poderosa de comunicación que puede llevar a una mayor intimidad y comprensión. A través de la vulnerabilidad, los compañeros pueden compartir sus inseguridades más profundas, esperanzas y sueños, creando un espacio de seguridad y confianza.

Resonancia y Reflexión Otro aspecto fundamental de la comunicación es la capacidad de reflejar lo que el compañero ha compartido, mostrando que ha sido escuchado y comprendido. Esto se puede hacer a través de la resonancia, que es el acto de "resonar" con lo que el otro ha dicho, y a través de la reflexión, que implica repetir o parafrasear lo que se ha dicho para confirmar.

La comunicación en una relación no se limita a la simple transmisión y recepción de información. Es una intrincada danza de emociones, lenguaje verbal y no verbal, presencia, sintonización y autenticidad. Y mientras las palabras son poderosas, a menudo son los gestos silenciosos, las miradas compartidas y los momentos de silenciosa comprensión los que hablan más alto que cualquier frase pronunciada.

En resumen, la comunicación va mucho más allá de la expresión verbal. Es un intrincado entramado de empatía, comprensión, escucha y vulnerabilidad. En una relación, especialmente en una romántica, la calidad de la comunicación a menudo determina la profundidad y duración del vínculo.

Para muchas personas, aprender habilidades de comunicación efectivas es un viaje que requiere tiempo, conciencia y práctica. El primer paso es reconocer la importancia de comunicarse de manera clara y honesta, siempre respetando el punto de vista y las emociones del otro. La clave es tratar de entender antes de ser entendido. Esta perspectiva mutua facilita la creación de un ambiente seguro donde ambas partes pueden expresar libremente sus sentimientos, deseos y preocupaciones.

Además de las palabras, la comunicación efectiva requiere una profunda comprensión de las señales no verbales, como el lenguaje corporal y el tono de voz. Estos elementos, a menudo pasados por alto, pueden transmitir mensajes igualmente poderosos, si no más, que las propias palabras. Por lo tanto, desarrollar la sensibilidad para descifrar y responder a estas señales puede enriquecer en gran medida las interacciones.

La comunicación también está influenciada por múltiples factores externos, como el contexto cultural y las experiencias personales. Esto significa que cada individuo tendrá su propio estilo único y un conjunto de expectativas cuando se trata de comunicarse. Reconocer y apreciar estas diferencias es fundamental para construir puentes de comprensión y evitar posibles fuentes de conflicto.

En conclusión, la comunicación es el pilar fundamental sobre el que se basan todas las relaciones significativas. Requiere un compromiso continuo, una voluntad de aprender y la capacidad de adaptarse y crecer. Solo a través de una comunicación efectiva, las parejas pueden esperar construir una conexión duradera y profunda basada en la confianza, el respeto y el amor auténtico.

6. Expectativas vs. Realidad: La Diferencia Entre lo que Vemos en las Películas y lo que Sucede en la Realidad

Las representaciones románticas que vemos en películas, series de televisión y novelas han tenido un gran impacto en nuestras percepciones y expectativas sobre las relaciones amorosas. Estos medios tienden a idealizar el amor, presentándolo como un viaje sin obstáculos o con obstáculos que pueden superarse fácilmente con grandes gestos de amor. Pero, ¿cuánto de esta representación se refleja realmente en la vida cotidiana? ¿Y cómo estas expectativas influyen en nuestras relaciones reales?

La Representación del Comienzo Perfecto En las películas, las historias de amor a menudo comienzan con encuentros casuales que parecen estar destinados por el destino. Ya sea bajo la lluvia en un cruce concurrido de la ciudad o chocándose accidentalmente en una cafetería, estos momentos se presentan como mágicos y predestinados. En realidad, si bien tales encuentros pueden suceder, muchas relaciones comienzan de manera mucho más ordinaria, a través de amigos en común, en el trabajo o en entornos en línea.

Grandes Gestos vs. Pequeños Momentos Las películas adoran mostrar grandes gestos románticos: correr hacia un aeropuerto, serenatas bajo la ventana o propuestas de matrimonio elaboradas. Pero en la vida cotidiana, el amor a menudo se construye a través de pequeños gestos diarios, como preparar el café para la pareja por la mañana o escuchar sus preocupaciones después de un largo día. Estos momentos, aunque menos teatrales, son fundamentales para construir una conexión auténtica.

Conflictos y Resoluciones En los medios, los conflictos entre parejas tienden a ser dramáticos e intensos, a menudo resueltos con una revelación o un gesto heroico. En la realidad, los conflictos pueden ser más sutiles y requerir una comunicación profunda, comprensión y compromiso para ser resueltos. No hay una solución rápida o mágica; en cambio, las relaciones fuertes se basan en la capacidad de trabajar juntos a través de las dificultades.

Ficción vs. Imperfección Las películas a menudo presentan personajes con pocos defectos reales, o con defectos que son en realidad encantadores o fácilmente aceptados. En la realidad, cada uno de nosotros tiene imperfecciones, inseguridades y desafíos personales. Aceptar y amar a alguien a pesar de, o tal vez debido a, estas imperfecciones es lo que hace que el amor sea auténtico y duradero.

La Duración del Amor Mientras que las historias en los medios tienden a centrarse en el enamoramiento, la pasión y la intensidad del amor nuevo, ofrecen menos representaciones de los desafíos y las alegrías de las relaciones a largo plazo. La realidad del amor es que evoluciona, cambia y se profundiza con el tiempo, a través de los desafíos y las alegrías de la vida cotidiana.

Mientras que las historias románticas de los medios nos sumergen en mundos de pasión incontenible y amores eternos, la realidad de las relaciones a menudo se presenta con matices muy diferentes. Algunos de estos matices, que no siempre se reflejan en la gran pantalla, incluyen:

Crecimiento Personal: Las películas raramente muestran la importancia del crecimiento personal en una relación. En el mundo real, la evolución individual es fundamental. Dos personas pueden comenzar una relación desde un punto dado, pero ambas cambiarán con el tiempo. La clave está en crecer juntos, aprendiendo y adaptándose mutuamente en lugar de crecer por separado.

La Vida Cotidiana: Si las películas fueran una representación precisa de la vida, podríamos pensar que las relaciones se componen solo de cenas a la luz de las velas, viajes exóticos y apasionados debates bajo la lluvia. Pero las relaciones reales también están hechas de rutina diaria: hacer la compra juntos, discutir quién debe vaciar el lavavajillas o decidir qué ver en la televisión en una noche tranquila.

Compromisos: Rara vez las películas muestran los pequeños y grandes compromisos que las parejas hacen cada día. Ya sea decidir dónde vivir, cómo manejar las finanzas o cómo pasar las vacaciones, las relaciones reales requieren un equilibrio constante entre las necesidades y deseos de ambos socios.

Desafíos Externos: Además de los desafíos internos de una relación, también existen desafíos externos como el trabajo, la salud, la familia y los amigos. Estos factores pueden crear tensiones y complicaciones que raramente se exploran en profundidad en los medios.

Amigos y Familia: En las películas, la historia de amor a menudo está en el centro de la trama, con poco espacio para explorar cómo las relaciones externas afectan a la pareja. En la vida real, los amigos y la familia juegan un papel enorme. Pueden apoyar la relación o crear tensiones, y aprender a equilibrar estas relaciones externas es crucial.

Salud Mental: Pocas películas abordan la importancia de la salud mental en una relación. Problemas como la depresión, la ansiedad o el trastorno bipolar pueden tener un impacto significativo en una pareja. Comprender y abordar estos desafíos es fundamental para la salud de la relación.

Tecnología: En una era de redes sociales, aplicaciones de citas y comunicación digital, la tecnología ha transformado la forma en que las personas inician y mantienen relaciones. Este nuevo panorama presenta tanto oportunidades como desafíos, desde distancias a larga distancia más manejables gracias a la tecnología, hasta tensiones creadas por malentendidos digitales o celos en las redes sociales.

La realidad de las relaciones es que son complejas, matizadas y en constante evolución. Los matices de las relaciones reales, con todas sus imperfecciones y desafíos, son lo que las hace auténticamente hermosas.

El Tiempo y sus Demandas: La noción de tiempo, tal como se representa en las películas, siempre parece ser suficiente. Las parejas en las películas parecen tener todo el tiempo del mundo para resolver problemas, vivir aventuras o reavivar la pasión perdida. En la realidad, el tiempo es un recurso precioso. Encontrar tiempo de calidad para nutrir la relación entre las demandas del trabajo, la familia y los compromisos personales puede ser un desafío.

Dinámicas de Poder: Las dinámicas de poder en las relaciones rara vez se muestran de manera realista en las películas. Mientras que en la ficción a menudo vemos personajes dominantes que toman todas las decisiones, la realidad de las relaciones modernas tiende a buscar un equilibrio. Este equilibrio requiere un trabajo constante y comunicación para asegurarse

de que ambas partes se sientan escuchadas y
valoradas.

Diferencias Culturales y Religiosas: Las películas
tienden a estandarizar y simplificar las relaciones, a
menudo pasando por alto los desafíos y las bellezas
que surgen de las diferencias culturales o religiosas.
En las relaciones reales, estas diferencias pueden
requerir comprensión, aprendizaje y adaptación.

La Evolución del Deseo: Contrariamente a la idea
perpetua de que en las películas la pasión siempre está
en su punto máximo, en la vida real, el deseo puede
fluctuar y evolucionar. Puede haber períodos de
distanciamiento y períodos de renovada intimidad.
Enfrentar y aceptar estos cambios es fundamental para
la longevidad de una relación.

El Impacto de la Tecnología en la Privacidad:
La era digital ha introducido nuevos desafíos de
privacidad en las relaciones. La tentación de "espiar" a
una pareja a través de las rcdcs sociales o la
comunicación electrónica puede generar desconfianza
y tensiones. Definir los límites digitales es una parte
esencial de establecer expectativas en una relación
moderna.

La Gestión del Dolor y la Pérdida: Mientras que
las películas pueden mostrar una visión romántica del
duelo o la pérdida, la realidad es mucho más compleja.
Ya sea la pérdida de un trabajo, un ser querido o un
amigo, o un trauma pasado, la forma en que

enfrentamos el dolor influirá profundamente en nuestras relaciones.

La Economía de la Relación: Raramente las películas exploran en profundidad los desafíos económicos dentro de las relaciones. Desde decisiones sobre quién paga en una cita, hasta la gestión de las finanzas compartidas y la planificación para el futuro, la economía desempeña un papel crucial en muchas relaciones.

La Salud y el Bienestar: Además de la salud mental, la salud física puede influir profundamente en una relación. Enfermedades, problemas de salud a largo plazo o incluso hábitos de acondicionamiento físico divergentes pueden crear tensiones y requerir adaptaciones de ambas partes.

En última instancia, la complejidad de las relaciones reales supera con creces a la de sus contrapartes cinematográficas. Si bien las películas a menudo ofrecen una versión edulcorada y simplificada del amor, la realidad ofrece una trama rica, profunda y a menudo impredecible que las parejas navegan juntas. Esta intrincada danza entre dos individuos es lo que hace que cada relación sea única y, en muchos aspectos, aún más fascinante que cualquier escenario de Hollywood.

En conclusión, la comparación entre las expectativas alimentadas por las películas y la realidad de las relaciones cotidianas es un tema tan fascinante como complejo. Los medios, aunque son una fuente de inspiración y entretenimiento, a veces pueden crear expectativas distorsionadas o idealizadas. El riesgo es percibir la realidad de las relaciones como un fracaso o una decepción cuando no se ajustan a estos estándares cinematográficos.

Las relaciones auténticas están llenas de matices, conflictos, alegrías, desafíos y momentos de crecimiento. Están entrelazadas con silencios y palabras no dichas, compromisos y pequeñas victorias diarias. Lejos del foco de Hollywood, en los hogares y vidas cotidianas, las relaciones se nutren de autenticidad, comprensión y un compromiso constante con la adaptación y el crecimiento mutuo.

Si bien las películas pueden ofrecer momentos de escape y romanticismo, las relaciones reales requieren trabajo, paciencia y una comprensión profunda no solo del compañero, sino también de uno mismo. Requieren la capacidad de comunicarse, establecer límites, enfrentar desafíos juntos y celebrar los éxitos. Donde a menudo las películas terminan con un "y vivieron felices para siempre", la realidad de las relaciones es que son un viaje en constante evolución, en lugar de un destino definitivo.

En última instancia, si bien es importante disfrutar y inspirarse en los medios, también es crucial tener una visión clara y realista de lo que significa y requiere una relación. Solo a través de la comprensión y la aceptación de los matices y complejidades de las relaciones reales podemos aspirar a construir vínculos profundos, significativos y duraderos.

7. Citas en Línea: Navegando entre la Virtualidad y la Realidad Navegación Virtual:

Las citas en línea han transformado radicalmente el panorama de las citas amorosas. Gracias a las plataformas digitales, se puede "conocer" a alguien sin salir de casa, deslizar perfiles como se hojean las páginas de un libro y chatear con personas de todo el mundo. Esta conveniencia ha hecho que la búsqueda del alma gemela sea accesible para cualquiera que tenga una conexión a Internet.

Ventajas de las Citas en Línea:

1. Amplia Selección: Las aplicaciones y sitios de citas ofrecen una gran cantidad de perfiles para elegir, lo que aumenta la probabilidad de encontrar a alguien con intereses y objetivos similares.

2. Conveniencia: Puedes buscar, chatear y organizar citas desde la comodidad de tu hogar, lo que hace que la búsqueda del amor sea más flexible que los métodos tradicionales.

3. Filtrado: Muchas plataformas permiten filtrar perfiles según criterios específicos, como intereses, edad, creencias religiosas, etc., lo que hace que la búsqueda sea más precisa.

4. Comunicación Preliminar: Tener la oportunidad
de chatear en línea antes de una cita real puede
ayudar a romper el hielo y establecer un primer
nivel de comodidad.

5. Oportunidades para Nichos Específicos: Hay
sitios y aplicaciones especializados para nichos
particulares o intereses, como amantes de los
animales, veganos o amantes del arte, lo que
facilita la conexión entre personas con pasiones
comunes.

Desventajas de las Citas en Línea:

1. Deshonestidad: No todos son sinceros en sus
perfiles. Las personas pueden mentir sobre su
edad, apariencia, trabajo y otros detalles
personales.

2. Sobrecarga de Opciones: A veces, la abundancia
de opciones puede ser abrumadora, lo que lleva a
la llamada "parálisis por análisis" o al fenómeno
de siempre considerar que el césped del vecino
es más verde.

3. Desconexión Emocional: Comunicarse a través
de una pantalla puede limitar la capacidad de
leer señales no verbales y crear una verdadera
conexión emocional.

4. Riesgos de Seguridad: Encontrarse con
desconocidos conocidos en línea puede ser
arriesgado. Es fundamental tomar precauciones,

como reunirse en lugares públicos e informar a amigos o familiares sobre la cita.

5. Costos Ocultos: Si bien muchas plataformas de citas son gratuitas, otras requieren suscripciones o pagos por funciones premium, que pueden acumularse con el tiempo.

Navegar con Sabiduría: A pesar de los desafíos, las citas en línea siguen siendo una herramienta valiosa en el mundo moderno de las citas. La clave es acercarse al proceso con mente abierta, pero también con precaución. Es fundamental mantenerse auténtico, ser claro acerca de sus valores y deseos, y no tener miedo de tomar descansos si la experiencia se vuelve demasiado intensa o estresante.

En conclusión, las citas en línea, al igual que cualquier otra herramienta, tienen sus pros y contras. Su eficacia dependerá en gran medida de cómo se utilice y de la actitud con la que se aborde. Con la combinación adecuada de precaución y optimismo, puede convertirse en un medio eficaz para encontrar esa conexión especial.

Algoritmos y Conexiones: Una de las magias detrás de muchos sitios de citas en línea es el uso de algoritmos. Estos complejos cálculos matemáticos evalúan las respuestas de los usuarios a ciertas preguntas y tratan de emparejar a individuos en función de la compatibilidad. Sin embargo, estos algoritmos no son infalibles. Aunque dos personas pueden parecer compatibles en teoría, la química y la conexión en tiempo real pueden no estar presentes. Del mismo modo, es posible que conozcas a alguien con quien pareces tener poco en común y descubras que la conexión es sorprendentemente fuerte.

El Efecto Paradoja: Paradójicamente, tener demasiadas opciones para elegir puede llevar a una sensación de insatisfacción. Esto se conoce como el "efecto paradoja de la elección". En un mar de perfiles, la búsqueda de la "persona perfecta" puede volverse interminable. Puedes pasar de un perfil a otro pensando que el siguiente podría ser mejor o más adecuado. Esta búsqueda constante puede obstaculizar en realidad la capacidad de establecerse con alguien y construir una relación significativa.

La Importancia de las Fotos: La primera impresión lo es todo en el mundo de las citas en línea. Las fotos suelen ser el primer punto de contacto. Sin embargo, es esencial recordar que una foto es solo un momento capturado en el tiempo. No cuenta toda la historia de una persona o la profundidad de su carácter. Además, el uso generalizado de filtros y la manipulación de las fotos pueden distorsionar la realidad, creando expectativas poco realistas.

Ghosting y otras Tendencias: Uno de los desafíos más frustrantes y dolorosos de las citas en línea es el fenómeno del "ghosting", cuando alguien desaparece repentinamente sin dar explicaciones. Esta tendencia, junto con otras como el "breadcrumbing" (enviar mensajes esporádicos sin intención de compromiso real) o el "zombie-ing" (regresar a la vida de alguien después de un período de ausencia), refleja algunas de las complejidades emocionales y los comportamientos evasivos que han surgido en la era digital de las citas.

Cambio de Mentalidad: Para muchas personas, la clave para navegar con éxito en el mundo de las citas en línea es cambiar su mentalidad. En lugar de verlo como una forma de encontrar a su alma gemela, puede ser útil verlo como una oportunidad para conocer a nuevas personas, experimentar y aprender más sobre uno mismo. Esto no significa bajar los estándares, sino abrir la mente a diferentes posibilidades y enfoques.

Comentarios y Reseñas: Algunas plataformas ofrecen características donde los usuarios pueden dejar comentarios o reseñas sobre las citas. Esto puede ser útil para obtener una percepción de cómo te presentas en las citas y en qué áreas podrías trabajar. Sin embargo, es crucial tomar estos comentarios con un poco de escepticismo y no permitir que afecten demasiado tu autoestima o autoimagen.

Redes Sociales y Citas en Línea: Con la llegada de las redes sociales, la línea entre las citas en línea y las redes sociales se ha vuelto borrosa. Plataformas como Instagram, Facebook y Twitter se han convertido, de manera no oficial, en nuevos lugares de encuentro. Esto ha dado lugar al surgimiento de relaciones espontáneas que surgen de comentarios, mensajes directos y comparticiones. Sin embargo, también ha introducido nuevas dinámicas, como la tentación de "espiar" el perfil de alguien para obtener una imagen más completa (o distorsionada) de quiénes son fuera del contexto de las citas.

Videochat y Citas Virtuales: La era posterior a la pandemia ha visto un auge en las citas virtuales. Las videollamadas se han convertido en un primer paso popular antes de decidir encontrarse en persona, ofreciendo un nivel adicional de evaluación. Este enfoque también ha presentado desafíos únicos, como la necesidad de mantener una conexión y una interacción significativas a través de una pantalla, sin el beneficio de la presencia física y las señales no verbales.

Crecimiento de Aplicaciones Especializadas: Además de los gigantes conocidos de las citas en línea, ha habido un crecimiento exponencial de aplicaciones especializadas que se dirigen a demografías o intereses específicos. Por ejemplo, existen aplicaciones para amantes de la naturaleza, apasionados del fitness, personas de ciertas etnias, orientaciones sexuales o incluso fanáticos de géneros musicales específicos. Esta especialización puede ayudar a las personas a encontrar a alguien con intereses muy específicos, pero también puede limitar la diversidad de personas que conocen.

Manejo de Decepciones: En el mundo de las citas en línea, es inevitable enfrentar decepciones. Ya sea por expectativas no cumplidas, citas que no se convierten en relaciones o relaciones que terminan antes de comenzar realmente, aprender a manejar estos momentos es crucial. Esto requiere resiliencia, autoconciencia y la capacidad de no tomar las cosas demasiado personalmente. Después de todo, cada interacción puede verse como una oportunidad de crecimiento y aprendizaje.

Desafíos de la Privacidad: Proteger tu propia privacidad es una preocupación creciente en la era digital, y las citas en línea no son una excepción. Desde compartir detalles personales demasiado pronto hasta el riesgo de estafas y suplantación de identidad, es fundamental estar informado y ser cauteloso sobre cómo y con quién compartes información.

Impacto Psicológico: La exposición constante a perfiles de "personas perfectas" puede tener un impacto en nuestra autoestima. Compararse con otros es una trampa común, lo que lleva a preguntas como "¿Por qué no tengo tantos 'matches' como mi amigo?" o "¿Por qué no parezco obtener los mismos resultados?". Estas comparaciones pueden crear sentimientos de insuficiencia o dudas sobre uno mismo.

El mundo de las citas en línea es un microcosmos que refleja la complejidad de la era digital en la que vivimos. Combina tecnología, emociones humanas, aspiraciones e inseguridades en un contexto en constante cambio. Además, representa una convergencia entre nuestra necesidad innata de conexión y nuestra creciente dependencia de la tecnología como medio para lograr esa conexión. Por un lado, las citas en línea ofrecen ventajas innegables.

La amplia gama de opciones, la capacidad de filtrar posibles parejas según criterios específicos y la oportunidad de conectarse con personas fuera de nuestro círculo social inmediato son todos aspectos que han transformado la forma en que construimos relaciones en el siglo XXI. Además, para muchas personas, especialmente aquellas que pertenecen a grupos demográficos específicos o nichos de interés, las citas en línea representan una forma de encontrar comunidad y construir relaciones en un entorno que antes podría haber parecido exclusivo o limitado. Sin embargo, como todo en la vida, también hay desafíos. La sobreabundancia de opciones puede dificultar la toma de decisiones definitivas. La representación en línea de nosotros mismos, a menudo filtrada e idealizada, puede crear expectativas poco realistas y llevar a la decepción. La facilidad con la que podemos "deslizar" perfiles humanos puede, en algunos casos, deshumanizar a posibles parejas, reduciéndolas a simples fotos y breves descripciones. Y, por supuesto, el riesgo de estafas, fraudes y violaciones de la privacidad siempre está presente. En conclusión, como cualquier herramienta, las citas en línea son lo que hacemos de ellas. Para navegar con éxito en este mundo, es esencial combinar la prudencia digital con la autoconciencia emocional. Debemos reconocer que detrás de cada perfil hay una persona real, con emociones, esperanzas y temores. En la era digital, más que nunca, es fundamental mantener la humanidad en el centro de nuestra búsqueda del amor y la conexión.

8. La seguridad ante todo: • Consejos y trucos para garantizar tu seguridad durante las citas. Navegar en el mundo de las citas, tanto en línea como fuera de línea, puede ser una experiencia emocionante y gratificante. Sin embargo, es fundamental garantizar tu seguridad en cada etapa del proceso. A continuación, se presentan algunos consejos y trucos que toda mujer debe considerar para protegerse mientras explora el mundo de las citas:

Información personal: Cuando creas un perfil en una plataforma de citas en línea, es esencial ser cautelosa acerca de qué detalles personales compartes. Evita incluir información como tu dirección de casa, lugar de trabajo u otros detalles que puedan permitir que alguien te rastree sin tu consentimiento.

Primeros encuentros en lugares públicos: Cuando decidas encontrarte con alguien por primera vez, elige un lugar público como una cafetería, un parque o un restaurante. Estos lugares suelen ser seguros y te permiten tener otras personas alrededor en caso de necesidad.

Informa a alguien: Antes de salir, siempre informa a un amigo o familiar sobre el lugar de la cita y la hora estimada de regreso. Esto garantiza que alguien sepa dónde te encuentras y pueda intervenir o alertar a las autoridades si es necesario.

Transporte propio: Especialmente para los primeros encuentros, es recomendable utilizar tu propio medio de transporte en lugar de que te recojan en casa o compartir un automóvil. Esto te brinda un mayor control sobre la situación y te permite alejarte rápidamente si lo consideras necesario.

Sigue tu instinto: Si algo no te parece correcto o te sientes incómoda, sigue tu instinto. No hay nada de malo en poner fin a una cita o conversación si no te sientes cómoda.

Evita el alcohol y las drogas: Consumir alcohol o drogas puede comprometer tu capacidad de juicio y aumentar el riesgo de encontrarte en situaciones peligrosas. Si decides beber, ten cuidado con la cantidad y asegúrate de nunca dejar tus bebidas desatendidas.

Investigación en línea: Antes de encontrarte con alguien, puede ser útil hacer una pequeña investigación en línea para asegurarte de que no haya informes o comportamientos sospechosos asociados con esa persona.

Usa aplicaciones de seguridad: Existen varias aplicaciones diseñadas para aumentar la seguridad durante las citas. Estas aplicaciones pueden enviar tu ubicación en tiempo real a personas de confianza, ofrecer una alarma de emergencia o incluso grabar audio si es necesario.

Planifica una llamada de verificación: Pide a un amigo que te llame a una hora predeterminada durante tu cita. Esto te dará la oportunidad de verificar que todo va bien y, si es necesario, utilizar la llamada como excusa para interrumpir el encuentro.

La clave para navegar con éxito en el mundo de las citas es encontrar un equilibrio entre la apertura y la precaución. Si bien es importante estar abierta a nuevas experiencias y personas, es igualmente fundamental garantizar tu seguridad y bienestar en cada situación. Con una preparación adecuada y siguiendo estos consejos, puedes disfrutar del proceso de citas manteniéndote a salvo.

Mantén seguros tus datos bancarios: En la era digital, es común compartir detalles de pago para varios servicios. Durante las citas, especialmente en línea, nunca debes compartir información bancaria o de tarjetas de crédito con alguien que acabas de conocer. Los estafadores a menudo se hacen pasar por personas sinceras en busca de amor pero pueden tener intenciones maliciosas.

Ten cuidado al compartir fotos: Enviar o recibir fotos puede parecer un gesto de intimidad o confianza, pero debes hacerlo con precaución. Una vez que se comparten, las imágenes pueden utilizarse de formas inesperadas o no deseadas. Algunas personas incluso pueden usarlas para chantaje.

Atención a los comportamientos manipuladores: No todas las amenazas a la seguridad son físicas. Algunas personas pueden intentar manipularte emocional o psicológicamente. Reconoce las señales de comportamientos

manipuladores, como el gaslighting, y mantente
alejada de quienes intenten confundirte o minimizar
tus experiencias.

**Controla la configuración de privacidad de tus
aplicaciones de citas:** La mayoría de las
aplicaciones de citas tienen varias configuraciones de
privacidad que te permiten controlar quién puede ver
tu perfil, tus fotos o tus últimas ubicaciones visitadas.
Asegúrate de comprender y utilizar estas
configuraciones para proteger tu privacidad.

Vacunas y salud sexual: La seguridad no se trata
solo de protegerse contra posibles peligros físicos o
emocionales. Si hay posibilidad de intimidad, es
fundamental protegerse también en términos de salud.
La comunicación abierta sobre las pruebas de
enfermedades de transmisión sexual y la comprensión
de la importancia de las vacunas, como la del VPH, son
esenciales.

Formación en defensa personal: Aunque se
espera que nunca tengas que utilizar técnicas de
defensa personal, estar capacitada en este campo
puede brindarte una mayor tranquilidad. Existen
cursos diseñados específicamente para mujeres que
enseñan técnicas efectivas y prácticas de defensa en
diversas situaciones.

Expectativas claras: Una comunicación clara sobre
tus expectativas puede prevenir malentendidos que
podrían llevar a situaciones incómodas o
potencialmente peligrosas. Ya sea que busques una

relación seria o algo más casual, ser transparente acerca de tus intenciones puede ayudar a establecer límites claros.

Comparte tus experiencias: Si has tenido una experiencia negativa o sospechosa con alguien, considera la posibilidad de compartirla en plataformas o aplicaciones apropiadas, siempre que no comprometas tu privacidad o seguridad. Esto puede ayudar a otras personas a estar alerta y protegerse de individuos potencialmente peligrosos.

Atención a quienes comparten en exceso: Las personas que comparten en exceso detalles íntimos o personales en el primer encuentro o en los primeros mensajes pueden no tener un adecuado sentido de los límites. Esto puede ser una señal de advertencia que indica la necesidad de proceder con precaución.

Navegar en el mundo de las citas requiere una combinación de mente abierta, confianza y precaución. Al asegurarte siempre de priorizar tu seguridad, podrás explorar relaciones de manera saludable y segura.

Señales de alarma: Es fundamental aprender a reconocer las señales de alarma. Si alguien se vuelve excesivamente celoso, posesivo o controlador, o intenta aislarte de tus amigos o familiares, estas son claras indicaciones de comportamientos potencialmente dañinos o abusivos.

Aplicaciones de seguimiento de ubicación:
Existen aplicaciones que permiten compartir tu
ubicación en tiempo real con personas de confianza. Si
te encuentras en una situación en la que te sientes
insegura, estas aplicaciones pueden enviar una señal
de socorro o simplemente permitir que alguien sepa
dónde te encuentras.

Verificación de identidad: Con la popularidad de
las citas en línea, se ha vuelto común que las personas
alteren su identidad. Considera utilizar servicios de
verificación de identidad o simplemente busca en
Google el nombre de la persona para asegurarte de que
la información proporcionada coincida con la realidad.

Usa la tecnología a tu favor: Además de las
aplicaciones de citas, existen numerosos dispositivos y
aplicaciones diseñadas específicamente para la
seguridad personal. Por ejemplo, algunos
smartwatches tienen funciones de SOS que pueden
activarse en situaciones de emergencia.

Equilibra corazón y mente: Aunque es natural
dejarse llevar por la emoción de una nueva relación o
una primera cita, es fundamental equilibrar estas
emociones con el pensamiento racional. Haz
preguntas, escucha atentamente y evalúa si las
acciones de la persona coinciden con sus palabras.

Protección digital: Además de proteger tu
información personal, asegúrate de proteger tus

dispositivos. El uso de contraseñas complejas, la activación de la verificación en dos pasos y el conocimiento de las tácticas de phishing pueden prevenir situaciones en las que tu información personal se vea comprometida.

Aprovecha las reseñas: Algunas plataformas de citas en línea ofrecen la posibilidad de dejar comentarios o reseñas sobre los usuarios. Estos pueden proporcionar información valiosa sobre el comportamiento pasado de un posible compañero.

Evita el aislamiento: Aunque puede parecer romántico pasar todo el tiempo con una nueva llama, es saludable mantener tus propias rutinas y relaciones. Los amigos y la familia pueden ofrecer una perspectiva externa sobre tu relación y ayudarte a identificar posibles comportamientos preocupantes.

Cuidado con el "ghosting": El "ghosting", es decir, cortar toda forma de comunicación sin explicación, se ha convertido en una práctica común en el mundo de las citas modernas. Aunque puede ser doloroso, es importante recordar que a menudo este comportamiento refleja las inseguridades de la otra persona, no tu valía.

Recuerda que mereces lo mejor: Finalmente, cada persona merece respeto, amabilidad y consideración en una relación. Si empiezas a sentir que debes bajar tus estándares o tolerar comportamientos que no te hacen sentir valorada, podría ser el momento de reconsiderar la relación o la cita.

Si bien el mundo de las citas puede parecer un campo minado de posibles peligros, al entrar en el juego con una preparación adecuada y mantener la vigilancia, puedes disfrutar del viaje en busca del amor o compañía, sabiendo que estás haciendo todo lo posible para protegerte.

La seguridad en las citas, ya sea en línea u offline, no es solo una precaución, sino una necesidad imperativa en la era moderna. Si bien el avance tecnológico ha ampliado nuestras posibilidades de conexión, también ha introducido nuevos desafíos que requieren conciencia y preparación. La protección de los datos personales, la precaución al conocer a nuevas personas y la capacidad de identificar las scñalcs de alarma son todas habilidades esenciales para aquellos que se aventuran en el mundo de las citas.

Las citas representan un viaje personal, una búsqueda de conexión y comprensión mutua. Pero para asegurarse de que este viaje sea enriquecedor y positivo, es esencial priorizar la seguridad. Esto no significa vivir con miedo ni limitar la apertura a nuevas experiencias; más bien, significa tener control sobre tu propio camino, estar informada y preparada.

Es fundamental reconocer que cada individuo tiene derecho a sentirse seguro, respetado y valorado en cada interacción. Este principio debe ser la piedra angular de cada experiencia amorosa. Además, prestando atención a los detalles y escuchando tu propio instinto, a menudo puedes evitar situaciones no deseadas. Los amigos, la familia y las comunidades en línea pueden funcionar como redes de seguridad, ofreciendo consejos, apoyo y a veces validación.

Sin embargo, también es esencial no permitir que el temor a la vulnerabilidad o a los peligros potenciales impida las oportunidades de formar conexiones auténticas y significativas. La seguridad en las citas debe servir como un equilibrio que permita a las personas abrirse y conectarse con otros, al tiempo que mantienen un sentido de protección y seguridad personal.

En conclusión, en la compleja danza de las citas modernas, la seguridad debe desempeñar un papel constante de guía. Con la cantidad correcta de atención, preparación y escucha activa de tus propias necesidades e intuiciones, puedes explorar el amplio mundo de las citas con confianza, asegurándote de que tu seguridad siempre sea una prioridad.

9. La Química y la Compatibilidad: Cómo Reconocer la Diferencia y la Importancia de Ambas

En el mundo de las citas y las relaciones, las palabras "química" y "compatibilidad" a menudo se utilizan de manera intercambiable, pero representan dos aspectos distintos y complementarios de la conexión interpersonal.

La Química:

1. **Definición:** La química puede describirse como esa atracción inicial o esa intensa chispa que se siente cuando se conoce a alguien por primera vez. Se manifiesta como una atracción física o como una sensación electrizante de conexión.

2. **Características:** La química tiende a ser espontánea e instantánea. Se basa en una reacción visceral o visceral hacia otra persona y puede desarrollarse rápidamente.

3. **Aspectos Positivos:** Puede actuar como un poderoso catalizador en las primeras etapas de una relación, ayudando a las personas a conectarse rápidamente y acercarse entre sí.

4. **Limitaciones:** Aunque la química es emocionante y cautivadora, también puede ser

temporal. No garantiza necesariamente una conexión a largo plazo o una relación exitosa.

La Compatibilidad:

1. **Definición:** La compatibilidad se refiere a la capacidad de dos personas para convivir armoniosamente a largo plazo. Se basa en valores compartidos, metas de vida, hábitos, estilos de comunicación y visiones del mundo.

2. **Características:** A diferencia de la química, que puede ser inmediata, la compatibilidad puede llevar tiempo para manifestarse plenamente. Es algo que se descubre a través de interacciones prolongadas, conversaciones profundas y la navegación a través de desafíos y conflictos.

3. **Aspectos Positivos:** Una sólida compatibilidad puede llevar a una relación duradera, proporcionando una base estable sobre la cual construir una asociación.

4. **Limitaciones:** La compatibilidad sola, sin química, podría no ser suficiente para mantener una relación apasionada o vibrante. Podría faltar ese "fuego" que muchas personas buscan en una conexión romántica.

La Importancia de Ambas: Tanto la química como la compatibilidad desempeñan un papel crucial en la formación y el mantenimiento de relaciones exitosas. Mientras que la química puede atraer a las personas entre sí y crear un vínculo inicial, la compatibilidad es lo que ayuda a mantener el vínculo a lo largo del tiempo, a través de altibajos.

Muchas relaciones comienzan con una intensa química pero pueden enfrentar dificultades cuando surgen diferencias insuperables. Del mismo modo, algunas personas pueden compartir una profunda compatibilidad, pero si falta la chispa inicial, la relación podría parecer plana o carecer de pasión.

Muchas personas han experimentado la euforia de una atracción instantánea, donde una mirada o un simple toque desencadenan una cascada de emociones. Esto es la química, una fuerza casi magnética que nos atrae hacia alguien. Es visceral, a menudo incontrolable y puede surgir de diversas fuentes: una atracción física, una intensa conexión emocional o un sentido innato de familiaridad.

Desde un punto de vista biológico, la química puede verse como una respuesta de nuestro cuerpo a las feromonas, sustancias químicas liberadas que pueden influir en el comportamiento de otros de la misma especie. Esta respuesta instintiva tiene raíces profundas en nuestra evolución, orientada a encontrar una pareja con la que seamos genéticamente compatibles.

Sin embargo, si solo dependiéramos de la química, nuestras relaciones serían efímeras. La intensidad de la química tiende a disminuir con el tiempo; es la naturaleza de su atractivo fugaz. Para muchos, puede convertirse en una búsqueda interminable, saltando de una relación a otra en busca de esa chispa inicial, solo para descubrir que se agota rápidamente.

Por otro lado, la compatibilidad se manifiesta de maneras muy diferentes. Piensa en todas las parejas que describen su relación como "ser los mejores amigos". Este tipo de vínculo se deriva de una comprensión mutua profunda. La compatibilidad se trata de compartir valores fundamentales, metas de vida y visiones del mundo. Y, mientras que la química puede desvanecerse, la compatibilidad puede fortalecerse con el tiempo, a medida que las personas se conocen mejor y construyen una historia compartida.

Curiosamente, nuestra sociedad moderna tiende a valorar más la química que la compatibilidad. Las películas, canciones y novelas a menudo glorifican la idea de un amor ardiente e instantáneo. Rara vez se cuenta la historia de dos personas que construyen lentamente una relación a través de la comprensión mutua y la compartición de experiencias.

Pero para tener una relación saludable y duradera, es fundamental reconocer la importancia de ambas. Si imaginamos una relación como una planta, la química podría compararse con el agua que le da vida a la planta, mientras que la compatibilidad podría verse como el suelo nutritivo en el que la planta crece. Ambos son esenciales para su supervivencia y prosperidad.

La conciencia de estas dinámicas también puede ayudar a navegar por los desafíos relacionales. Por ejemplo, en momentos en que la química parece desvanecerse, la fortaleza de la compatibilidad puede sostener a la pareja. Y en momentos en que surgen diferencias o tensiones, el recuerdo de la química inicial puede servir como un recordatorio del vínculo especial que existe.

La clave está en el equilibrio. Con demasiada frecuencia, las personas confunden la ausencia de química con la falta de amor o la presencia de química con una profunda compatibilidad. Pero al reconocer que son dos caras de la misma moneda, podemos tener una comprensión más completa de lo que realmente significa conectarse con otra persona.

Además de lo que ya se ha dicho sobre la química y la compatibilidad, hay mucho más por explorar. Por ejemplo, ambos aspectos tienen raíces profundas en nuestras experiencias pasadas y creencias personales. La forma en que percibimos la química y la compatibilidad está influenciada por nuestras relaciones anteriores, nuestras familias de origen y los modelos de amor que observamos cuando éramos jóvenes.

Nuestro primer modelo de amor generalmente proviene de nuestros padres o tutores. Aprendemos de ellos lo que significa amar y ser amados, pero también cómo manejar conflictos, comunicarnos y navegar por los desafíos de la vida. Estos primeros aprendizajes pueden crear expectativas y patrones en nuestras futuras relaciones amorosas. Por ejemplo, si vimos a nuestros padres manejar conflictos a través del diálogo y el compromiso, podríamos buscar una pareja con una comunicación abierta y honesta. Por otro lado, si presenciamos relaciones conflictivas o distantes, podríamos repetir inconscientemente estos patrones en nuestras propias relaciones.

Además, nuestra cultura y sociedad desempeñan un papel fundamental en nuestra percepción de la química y la compatibilidad. Diferentes culturas tienen diferentes definiciones de lo que significa ser compatible. En algunas culturas, la compatibilidad podría verse en términos de antecedentes familiares, posición social, educación o religión. En otras, podría centrarse más en la conexión emocional y las pasiones compartidas.

La era digital también ha influido en cómo percibimos la química y la compatibilidad. Con la llegada de las citas en línea, ahora podemos filtrar posibles parejas en función de una lista de preferencias. Pero, si bien estas plataformas pueden ayudarnos a encontrar personas que parecen compatibles en papel, no pueden predecir la chispa química que podríamos sentir o no sentir cuando conocemos a alguien en persona.

Otro punto interesante es cómo la química y la compatibilidad interactúan con nuestra biología. Hormonas como la oxitocina y la vasopresina se liberan cuando nos enamoramos, contribuyendo a esa sensación de euforia y conexión. Pero estas hormonas tienden a estabilizarse después de la llamada "fase de luna de miel", y lo que suele quedar es la compatibilidad a largo plazo.

Por último, es esencial reconocer que la química y la compatibilidad no son estáticas. Cambian y evolucionan con el tiempo. Una pareja podría descubrir nuevas dimensiones de su compatibilidad años después de haber estado juntos, o podrían trabajar en problemas para fortalecer su conexión química.

El profundo entendimiento de estos aspectos puede enriquecer nuestra experiencia en citas y relaciones, ofreciéndonos una visión más matizada y completa de lo que realmente significa conectarse con otro ser humano.

La química y la compatibilidad son dos elementos fundamentales pero distintos en el mosaico de una relación amorosa. La química representa esa chispa inmediata, la atracción física y emocional que a menudo sentimos hacia alguien. Es un poderoso barómetro de nuestras reacciones iniciales y puede servir como catalizador para acercarnos a alguien. Sin embargo, es volátil y, en muchos casos, temporal. La química puede encenderse y apagarse, influenciada por una miríada de factores, como las circunstancias de la vida, los estados de ánimo y incluso la biología.

La compatibilidad, por otro lado, es la suma de similitudes, diferencias y la capacidad de una pareja para convivir armoniosamente en varios niveles, como valores, aspiraciones, estilos de vida y visiones del mundo. Mientras que la química puede compararse con el fuego de una cerilla, rápido y brillante, la compatibilidad es como la brasa que arde lentamente pero constantemente, proporcionando calor y luz durante un período más prolongado.

En la historia de las relaciones humanas, hemos visto innumerables ejemplos de parejas que tenían una química incomparable pero carecían de compatibilidad. Estas relaciones a menudo arden brillantemente durante un corto período, pero pueden apagarse rápidamente cuando la realidad se insinúa. Del mismo modo, ha habido muchas parejas que, aunque no tenían una química evidente al principio, descubrieron una profunda compatibilidad con el tiempo, construyendo relaciones duraderas y significativas.

En la era moderna, con la creciente complejidad de las citas y las relaciones, es más importante que nunca distinguir entre estos dos elementos. Reconocer la diferencia entre la química y la compatibilidad puede ayudarnos a tomar decisiones más informadas e intencionales en nuestras parejas, a mirar más allá de lo efímero y buscar lo que es sostenible. Si bien la química puede ofrecer momentos inolvidables de pasión y conexión, es la compatibilidad la que nos brinda la oportunidad de una conexión más profunda y duradera.

En última instancia, la clave para una relación exitosa radica en encontrar un equilibrio entre estos dos elementos. Es la combinación de una química palpable y una compatibilidad sólida la que ofrece las mejores oportunidades para un amor duradero. Y aunque no existe una fórmula mágica para garantizar este equilibrio, la autoconciencia, la comprensión y la comunicación son herramientas esenciales que pueden ayudarnos a navegar por este delicado equilibrio entre el corazón y la mente.

El rechazo, en todas sus formas, es una realidad inevitable en el mundo de las citas. Se presenta de varias maneras: un mensaje sin respuesta, una cita que no conduce a un segundo encuentro, una relación que termina abruptamente. Aunque puede parecer una experiencia desagradable y desagradable, es importante enfrentar el rechazo con una perspectiva sana y constructiva.

Orígenes del Rechazo El rechazo puede tener muchas causas. Puede ser el resultado de circunstancias externas, como cambios en la vida personal de una persona, o puede derivarse de una falta de compatibilidad o atracción. A veces, las personas tienen miedo de comprometerse o no están listas para una relación. Otras veces, simplemente sienten que algo no está bien, aunque no puedan identificar exactamente qué es.

Efectos Psicológicos del Rechazo

Psicológicamente, el rechazo puede desencadenar una serie de emociones negativas. La persona rechazada puede sentirse inadecuada, indeseable o despreciada. Estos sentimientos pueden llevar a la duda sobre uno mismo, disminuir la autoestima y, en algunos casos, llevar a la depresión o la ansiedad.

Herramientas para Enfrentar el Rechazo

1. **No lo tomes personalmente:** Es esencial entender que el rechazo no necesariamente refleja tu valía como individuo. Cada uno tiene sus propias batallas, inseguridades y motivaciones, y lo que podría parecer un rechazo podría tener poco que ver contigo directamente.

2. **Reflexiona sobre la situación:** Analiza la experiencia. ¿Es posible que hayas pasado por alto señales? ¿Hay lecciones que puedas aprender que te ayudarán en el futuro?

3. **Habla sobre tus emociones:** Comparte tus sentimientos con amigos de confianza o considera hablar con un profesional. Expresar lo que sientes puede ayudarte a procesar la experiencia.

4. **Fortalece tu autoestima:** Dedica tiempo para ti, aprende algo nuevo o invierte tiempo en tus pasiones. Recuerda tu propio valor.

5. **Acepta y sigue adelante:** Una de las habilidades más poderosas en la vida es la capacidad de aceptar y avanzar. No todos los encuentros o relaciones están destinados a durar, y está bien.

Mirar Más Allá del Rechazo Superar el rechazo puede ser un proceso de crecimiento personal. Puede enseñarte resistencia, empatía y la capacidad de manejar desilusiones. También puede ofrecerte una perspectiva más profunda sobre lo que realmente deseas en una relación y lo que vale la pena perseguir.

La gestión del rechazo en el contexto de las citas es un desafío que requiere una comprensión profunda de uno mismo y de las dinámicas sociales. A menudo, el rechazo se percibe como un juicio directo de nuestro valor como individuo. Sin embargo, una vez que comienzas a descifrar las complejidades detrás del rechazo, puedes empezar a verlo bajo una luz diferente.

El Rechazo a Través de las Culturas A nivel global, cada cultura tiene su propia visión del rechazo. En algunas culturas, rechazar a alguien o ser rechazado se ve como una cuestión de

incompatibilidad en lugar de un defecto personal.
Otras culturas pueden enfatizar la importancia de la
persistencia y ver el rechazo como un simple
obstáculo. Comprender estas diferencias culturales
puede proporcionar una perspectiva refrescante.

Dinámicas de Grupo y Rechazo El rechazo
también puede estar influenciado por dinámicas de
grupo. Por ejemplo, en un grupo donde prevalece una
norma o expectativa particular, aquellos que no se
ajustan a esa norma pueden sentirse excluidos o
rechazados. Esto puede manifestarse de manera sutil,
como cuando alguien es excluido de un grupo de
amigos o no es invitado a una fiesta.

Crecimiento Personal a Través del Rechazo
Cada rechazo trae consigo una lección. Puede
enseñarte algo sobre lo que estás buscando en una
relación, o puede ofrecer una reflexión sobre un
comportamiento o hábito que puedas querer cambiar.
Muchos encuentran que, a través de una serie de
rechazos, desarrollan una mayor comprensión de sí
mismos y de sus necesidades en una relación.

El Papel de la Tecnología En la era digital, la
frecuencia de los rechazos ha aumentado
exponencialmente. Las aplicaciones de citas permiten
a las personas "descartar" posibles parejas con un
simple deslizamiento. Esta facilidad puede llevar a un
aumento en el sentimiento de rechazo. Sin embargo, es

crucial recordar que, en estos contextos, las decisiones a menudo se toman rápidamente, basadas en información limitada y no reflejan un juicio profundo.

La Resiliencia Ser capaz de enfrentar el rechazo y seguir adelante requiere resiliencia. Esta capacidad para recuperarse de experiencias negativas es fundamental en el mundo de las citas. La resiliencia no se trata de ignorar o reprimir los sentimientos de rechazo, sino de aceptarlos, procesarlos y utilizarlos como base para crecer.

La Importancia de la Autocompasión Cuando se enfrenta al rechazo, practicar la autocompasión puede ser extremadamente beneficioso. Esto significa tratarte a ti mismo con la misma amabilidad, preocupación y comprensión que ofrecerías a un amigo cercano. Reconocer que el rechazo es parte de la condición humana y que no estás solo en estos sentimientos puede ayudarte a navegar la experiencia con más gracia.

El Aspecto Psicológico del Rechazo El cerebro humano está conectado para la conexión. Desde la antigüedad, ser parte de un grupo significaba tener una mayor probabilidad de supervivencia. Es por eso que el rechazo puede desencadenar una respuesta emocional tan profunda: biológicamente, estamos programados para percibir el rechazo como una amenaza para nuestra seguridad. En un estudio de resonancia magnética, los científicos descubrieron que las mismas áreas del cerebro activadas por el dolor físico también se activan por el rechazo social. Esto significa que, a nivel neurológico, el dolor emocional del rechazo puede ser comparable al dolor físico.

La Sociedad Moderna y el Rechazo En la sociedad actual, donde la imagen pública y la percepción social desempeñan un papel dominante, el rechazo puede tener implicaciones aún más profundas. Plataformas como las redes sociales intensifican esta percepción. La falta de "me gusta" o comentarios positivos puede interpretarse como un rechazo por parte del grupo más amplio, alimentando inseguridades y dudas.

Rechazo y Autoestima

La relación entre la autoestima y el rechazo es compleja. Una baja autoestima puede hacer que una persona sea más sensible al rechazo, mientras que experiencias repetidas de rechazo pueden erosionar aún más la autoestima de una persona. Es un ciclo que puede alimentar la ansiedad y la depresión. Por eso es esencial contar con herramientas y estrategias para romper este ciclo, como la terapia, el **apoyo de amigos de confianza** o la auto-reflexión.

El Lado Positivo del Rechazo

Aunque pueda parecer paradójico, existen aspectos positivos del rechazo. En primer lugar, puede actuar como un filtro, ayudándote a comprender quién es realmente compatible contigo y quién no lo es. El rechazo puede también ser visto como una forma de retroalimentación: puede darte pistas sobre comportamientos o hábitos que podrías querer revisar. Además, enfrentar el rechazo puede fortalecer tu resiliencia, preparándote para futuros desafíos.

Las Diferentes Formas de Rechazo

El rechazo puede manifestarse de muchas maneras. Existe el rechazo directo, donde alguien te dice claramente que no está interesado. Pero también hay formas más sutiles, como el ghosting, donde alguien desaparece sin explicación. Cada forma de rechazo presenta desafíos únicos y requiere diferentes métodos de afrontamiento.

Rechazo y Crecimiento

Cada experiencia de rechazo lleva consigo la oportunidad potencial de crecimiento. Con el tiempo y la reflexión, muchas personas descubren que sus experiencias más dolorosas de rechazo en realidad las han llevado a una mayor comprensión de sí mismas y de lo que desean en una relación.

La Autocompasión en el Rechazo

Un componente esencial para manejar el rechazo es la
autocompasión. Esto implica tratarte con amabilidad,
empatía y comprensión, especialmente en momentos
difíciles como después de un rechazo. Muchas
personas tienden a auto-criticarse duramente después
de experimentar un rechazo, lo que solo puede
aumentar el dolor y la decepción. La práctica de la
autocompasión, en cambio, te ayuda a recordar que
todos, independientemente de su situación,
experimentan el rechazo. No estás solo/a en esto.

El Rechazo como Parte del Viaje

El rechazo, aunque desagradable, es una realidad
inevitable en el viaje del amor. De hecho, incluso las
personas más encantadoras, inteligentes y exitosas
enfrentan el rechazo. En lugar de verlo como un
fracaso o un juicio de tu valía, considéralo como una
señal que te guía hacia una relación o experiencia más
adecuada para ti. Cada "no" te acerca a un "sí" que
tiene un verdadero significado.

El Arte del Desapego

Otra habilidad crucial al enfrentar el rechazo es el arte
del desapego. Esto no significa reprimir o ignorar tus
sentimientos, sino aceptar el rechazo sin permitir que
defina tu autoconcepto o tu autoestima. Esto requiere
práctica y conciencia, pero con el tiempo puedes
desarrollar una resiliencia que te permita enfrentar el
rechazo con equilibrio y gracia.

Poner las Cosas en Perspectiva

Recuerda que el rechazo es solo un momento en el amplio arco de tu vida. Aunque pueda parecer abrumador en el momento en que ocurre, con el tiempo, su impacto disminuye. Lo que puede parecer devastador hoy podría ser un pequeño recuerdo en un año. Valorando las lecciones aprendidas y utilizando el rechazo como una oportunidad de introspección, puedes salir de estas experiencias más fuerte y más sabio.

Crear una Red de Apoyo

Al enfrentar el rechazo, es esencial contar con una red de apoyo en la que puedas confiar. Amigos, familiares y, si es necesario, profesionales de la salud mental pueden ofrecer escucha, consejos y consuelo. Hablar de tus experiencias y sentimientos con alguien de confianza puede ayudarte a procesar el dolor y la decepción y a ver las cosas bajo una luz diferente.

Ejercitarse en el Rechazo

Aunque pueda parecer paradójico, ejercitarse en el rechazo puede ayudar a construir la resiliencia. Esto podría significar exponerse a situaciones donde el rechazo es posible, como pedir un favor o hacer una propuesta. Cuanto más te enfrentas al rechazo en pequeñas dosis, más manejable se vuelve cuando ocurre en contextos más significativos, como las citas.

En resumen, aunque el rechazo puede ser doloroso, no
es insuperable. Con la mentalidad adecuada, las
herramientas y el apoyo, puede convertirse en una
oportunidad de crecimiento personal, autodescubrimiento y, en última instancia, acercarte a una
relación que realmente resuene contigo.

11. Flirtear con Autenticidad

Flirtear es un arte antiguo y sutil, una danza entre dos
personas que expresa interés, atracción y juego. En el
contexto de las citas, a menudo es el primer paso para
establecer una conexión. Pero, ¿cómo se puede flirtear
de manera auténtica sin parecer forzado o insincero?
Aquí tienes algunas técnicas y consejos:

1. **Escucha Activa**: En primer lugar, escucha.
    Flirtear no se trata solo de hablar; también se
    trata de escuchar. Mostrar un genuino interés en
    lo que la otra persona tiene que decir crea un
    vínculo. La escucha activa implica estar presente
    en el momento, reaccionar a las palabras del otro
    y mostrar con lenguaje corporal que estás
    interesado.

2. **Contacto Visual**: El contacto visual es una
    poderosa forma de comunicación no verbal. Una
    mirada puede transmitir interés, curiosidad y
    una invitación. No fijes la mirada intensamente,

pero un contacto visual intermitente puede crear una sensación de intimidad.

3. **Elogios Auténticos**: Cuando hagas un elogio, asegúrate de que provenga del corazón. Alaba algo que realmente te haya impresionado de la otra persona, ya sea su estilo, su risa o alguna característica de su personalidad.

4. **Lenguaje Corporal Abierto**: Un lenguaje corporal abierto y relajado invita a la interacción. Sonríe, inclina ligeramente la cabeza cuando escuches y utiliza gestos abiertos con las manos para mostrar interés.

5. **Toque Ligero**: Si te sientes cómodo y percibes que la interacción es positiva, un toque ligero en el brazo o el hombro puede intensificar el momento de conexión. Sin embargo, es esencial respetar los límites y asegurarte de que la otra persona se sienta cómoda.

6. **Sé Tú Mismo**: La sinceridad es la clave. No trates de ser alguien que no eres o de actuar de manera que no te represente. La autenticidad es atractiva.

7. **Usa el Humor**: Reír juntos puede crear un vínculo rápido y profundo. Compartir una broma o reírse de una anécdota ligera puede aliviar la tensión y mostrar tu lado juguetón.

8. **Haz Preguntas**: Muestra tu interés haciendo preguntas abiertas, aquellas que no pueden responderse con un simple "sí" o "no". Esto estimula una conversación más profunda y demuestra que estás verdaderamente interesado en conocerla.

9. **Evita Temas Pesados**: Aunque hay momentos apropiados para discutir temas serios, el flirteo debe ser ligero y juguetón. Evita temas que puedan ser controvertidos o demasiado profundos.

10. **Termina con Elegancia**: Si sientes que la conversación está llegando a su fin o que debes irte, cierra la interacción con elegancia. Un "Ha sido un placer hablar contigo" o un "Espero verte de nuevo" son formas dulces y sinceras de despedirse.

En lo profundo, todos deseamos conexiones sinceras y auténticas. Flirtear con autenticidad no significa simplemente evitar los clichés o actuar de manera transparente, sino sumergirse en el arte de comunicarse y conectarse a un nivel más profundo.

Aprende a Conocerte a Ti Mismo: Antes de poder flirtear con autenticidad, debes saber qué te hace auténtico. Esto implica pasar tiempo reflexionando sobre tus pasiones, valores y peculiaridades. Solo cuando te conoces a ti mismo, puedes presentarte a los demás de manera sincera.

Cultiva la Empatía: La empatía no solo te ayuda a comprender a los demás, sino que también crea una conexión más profunda. Cuando flirteas, intenta ponerte en el lugar de la otra persona. Esta habilidad te permite comprender sus emociones y responder de manera más auténtica y conectada.

Estudia el Lenguaje No Verbal: Además de las palabras, nos comunicamos a través de gestos, expresiones faciales y tono de voz. Desarrollar sensibilidad hacia estas señales puede ayudarte a percibir y responder mejor durante el flirteo. Por ejemplo, si la otra persona cruza los brazos o evita el contacto visual, podría no sentirse cómoda. Estar atento a estos detalles te permite ajustar tu comportamiento y hacer que la interacción sea más agradable.

Honestidad y Vulnerabilidad: Si bien el flirteo tiende a ser ligero y juguetón, mostrar un poco de vulnerabilidad puede ser una poderosa herramienta de conexión. Esto no significa revelar todos tus secretos o problemas, pero compartir pequeñas verdades sobre ti mismo puede mostrar que eres genuino.

Respeto Mutuo: Flirtear con autenticidad también implica respetar los límites de los demás. Si sientes que la otra persona no está interesada o no se siente

cómoda, es esencial respetar sus sentimientos y
retirarte con gracia.

Práctica y Aprendizaje: Como cualquier habilidad,
el flirteo requiere práctica. Cada interacción te brinda
la oportunidad de aprender y perfeccionar tus
habilidades. Presta atención a lo que funciona y lo que
no, y utiliza cada experiencia como una oportunidad
de crecimiento.

Mantén la Curiosidad: El flirteo es, en muchos
sentidos, una exploración. Se trata de descubrir
nuevas personas, nuevas historias y nuevas
experiencias. Mantener una sensación de curiosidad te
ayuda a mantener una mente abierta e interesada,
haciendo que cada interacción sea fresca y vibrante.

El arte del flirteo no es solo una serie de técnicas para
aprender, sino un camino hacia una mayor
autenticidad y conexión. A través de la práctica, la
reflexión y, sobre todo, la apertura hacia tu verdadero
yo y hacia los demás, el flirteo puede convertirse no
solo en un juego, sino también en un medio para crear
relaciones más profundas y significativas.

Uso dell'umorismo: El humor es una herramienta
poderosa en el coqueteo. No solo aligera el ambiente,
sino que reír juntos puede crear un sentido de
complicidad e intimidad. Sin embargo, es importante

ser consciente del tipo de humor que se utiliza. El humor que se burla de los demás o que puede resultar ofensivo no solo es poco auténtico, sino que también puede crear barreras en lugar de conexiones.

Conciencia de las diferencias culturales: En un mundo cada vez más globalizado, es posible que te encuentres coqueteando con personas de diferentes culturas a la tuya. Es fundamental ser consciente de las diferencias culturales y las diversas normas que rodean al coqueteo y la cortesía. Algo que podría considerarse apropiado en tu cultura podría no serlo en otra.

La tecnología como herramienta: Con la llegada de los teléfonos inteligentes y las redes sociales, el coqueteo ha adoptado muchas nuevas formas. Si bien los emojis, los gifs y los mensajes pueden facilitar la expresión de interés o afecto, es esencial recordar que la comunicación digital puede llevar fácilmente a malentendidos. Siempre es una buena idea ser claro en tus intenciones y tratar de mantener la comunicación lo más auténtica posible, incluso en un formato digital.

Retroalimentación y adaptabilidad: Observa las reacciones de la persona con la que estás coqueteando. Si parece estar cómoda y corresponde, probablemente estás yendo en la dirección correcta. Sin embargo, si parece retraerse o ponerse nerviosa, podría ser el momento de cambiar de enfoque o retirarte. Ser capaz de leer y adaptarse a las reacciones de los demás es una habilidad fundamental en el arte del coqueteo.

Autenticidad vs. Interpretación de roles: Aunque el coqueteo a menudo implica cierto grado de juego de roles o exageración, es crucial encontrar un equilibrio. Puedes mostrarte lo mejor de ti, pero sin distorsionar quién eres realmente. El objetivo siempre debe ser dar a conocer tu verdadera personalidad en lugar de una versión ficticia de ti mismo.

Valorar la individualidad mutua: Cada individuo es único, con sus propias historias, experiencias y visiones del mundo. Celebrar estas diferencias no solo puede ayudarte a conectar a un nivel más profundo, sino también a aprender y crecer como persona. A través del coqueteo, puedes descubrir nuevas perspectivas y formas de ver el mundo, enriqueciendo tu comprensión de los demás y de ti mismo.

Finalmente, aunque el coqueteo puede tener muchos objetivos diferentes, desde establecer una amistad hasta iniciar una relación romántica, la esencia sigue siendo la misma: la conexión entre dos individuos. A través de la autenticidad, la comprensión y la vulnerabilidad, el coqueteo puede convertirse en un puente entre dos personas, permitiéndoles compartir, incluso si es solo por un momento, un pedazo de sus almas.

Lenguaje del cuerpo: Uno de los aspectos más cruciales del coqueteo auténtico tiene que ver con el lenguaje del cuerpo. Cada gesto, mirada o toque puede comunicar más de mil palabras. El contacto visual prolongado, por ejemplo, puede indicar interés y atracción, mientras que inclinar el cuerpo hacia alguien puede sugerir escucha y curiosidad. Por el contrario, un cuerpo cerrado, con los brazos cruzados o una mirada evasiva, puede indicar desinterés o incomodidad.

Voz y tono: El tono de voz, el ritmo de hablar y la entonación pueden desempeñar un papel fundamental en el coqueteo. Una voz suave y relajada puede crear una atmósfera de comodidad e intimidad, mientras que un tono juguetón y ligero puede provocar risas y diversión. Es esencial ser consciente de cómo utilizas tu voz y el mensaje que estás transmitiendo.

Tiempo y ritmo: El coqueteo no es una carrera. Tomarse el tiempo para conocerse, establecer una conexión y apreciar los pequeños momentos puede hacer que la interacción sea más profunda y significativa. La paciencia y la capacidad de escuchar son esenciales. Forzar las cosas o apresurarse a menudo puede interrumpir el flujo natural de la conversación y crear tensión.

Valor del misterio: Aunque siendo auténtico, mantener un cierto grado de misterio puede hacer que el coqueteo sea más emocionante. Esto no significa ocultar aspectos de uno mismo o ser deshonesto, sino más bien no revelar todo de inmediato. Dejar espacio para la curiosidad y la anticipación a menudo puede alimentar el interés.

Respeto mutuo: Incluso durante el coqueteo, el respeto mutuo debe ser fundamental. Esto significa reconocer y honrar los límites de la otra persona, así como comunicar los propios de manera clara. La seguridad y la comodidad son esenciales para construir una conexión sincera y profunda.

Empatía y comprensión: Tratar de ponerse en el lugar de la otra persona, comprender sus emociones y sentimientos, es esencial. La empatía puede ayudar a crear un vínculo más profundo y a navegar con mayor conciencia a través del arte del coqueteo.

Establecer límites: Incluso en el coqueteo, es esencial tener límites claros y comunicarlos. Esto puede referirse a cuánto estás dispuesto a compartir en términos de información personal, hasta dónde quieres que llegue la conversación y cómo deseas ser tratado. Ser claro acerca de los propios límites no solo protege tu bienestar, sino que también muestra a la otra persona que te respetas a ti mismo.

Cultura popular y coqueteo: Vivimos en una época en la que la cultura popular tiene una gran influencia en cómo vemos y interpretamos el coqueteo. Películas, series de televisión, canciones e incluso memes nos ofrecen innumerables ejemplos de lo que significa coquetear. Sin embargo, es importante recordar que estos a menudo están exagerados o idealizados para el entretenimiento. Tomar estos ejemplos al pie de la letra puede llevar a expectativas poco realistas y malentendidos.

La práctica del coqueteo, una danza de seducción tan antigua como la humanidad misma, durante mucho tiempo ha sido vista como un arte para perfeccionar. En el centro de esta intrincada danza de gestos, palabras y miradas, se encuentra un profundo deseo humano de conexión, reconocimiento e intimidad con los demás. Pero lo que hace que el coqueteo sea tan fascinante y, a veces, tan complejo, es que se encuentra en la intersección de muchas dinámicas: sinceridad y juego, atracción y reserva, audacia y discreción.

La autenticidad en el coqueteo es esencial porque se basa en una comprensión genuina de uno mismo y en el deseo de mostrarse sinceramente al otro. No se trata de usar una máscara o representar un papel, sino de expresarse sinceramente, teniendo en cuenta las propias emociones y deseos, así como los de la otra persona. Sin embargo, esto no significa que no haya espacio para el misterio y el juego; al contrario, a menudo la ambigüedad y lo no dicho son lo que alimenta la atracción en el coqueteo.

Las técnicas y consejos para coquetear con éxito, como el lenguaje corporal y la entonación, son importantes, pero lo que realmente importa es la conciencia con la que se utilizan. Esta conciencia proviene del autoconocimiento, la comprensión de las propias motivaciones y el respeto por el otro. En una época dominada por la cultura popular, donde el coqueteo a menudo se representa de manera idealizada o estereotipada, es fundamental reflexionar críticamente sobre lo que vemos y escuchamos, recordando que cada individuo y cada interacción son únicos.

Además, en cada etapa del coqueteo, el respeto mutuo debe ser la base. Esto implica reconocer y honrar los límites del otro, así como comunicar los propios de manera clara. La seguridad y la comodidad son esenciales para construir una conexión sincera y profunda.

En conclusión, el arte del coqueteo es un viaje de autodescubrimiento y conexión con los demás. No se trata solo de técnicas o trucos, sino de un profundo sentido de autenticidad, empatía y respeto. Y aunque el paisaje de las citas y las relaciones puede cambiar con el tiempo, la búsqueda de conexión, reconocimiento y amor sigue siendo universal. Para dominar el arte del coqueteo, es esencial mirar hacia adentro, estar presente en el momento y acercarse a los demás con curiosidad, apertura y amabilidad.

12. Importancia de la independencia: Mantener tu individualidad incluso mientras buscas una relación. Muchas personas, consciente o inconscientemente, se acercan al mundo de las citas con la esperanza de encontrar a alguien que pueda completarlas. Esta noción, popularizada por películas, canciones e historias románticas, sugiere que somos incompletos sin otro. Sin embargo, es esencial entender que una pareja nunca debería "completarte", sino más bien "complementarte". La independencia, entendida como la capacidad de mantener y valorar tu propia individualidad, es fundamental no solo para tu bienestar personal, sino también para construir relaciones saludables y mutuamente respetuosas. Aquí es por qué:

1. **Autorrealización**: En primer lugar, reconocer y cultivar tu propia identidad te permite tener una visión clara de lo que deseas y de lo que aportas a una relación. Este proceso de autorrealización ayuda a definir tus valores, intereses y objetivos, que serán fundamentales para establecer la compatibilidad con un posible compañero.

2. **Prevención de la dependencia emocional**: La independencia reduce el riesgo de la dependencia emocional, en la que uno de los socios se vuelve excesivamente dependiente del otro para su bienestar emocional. Este tipo de

relación a menudo conduce a desequilibrios de
poder y puede limitar el crecimiento personal de
ambos socios.

3. **Promoción del crecimiento mutuo**: En una
relación en la que ambos socios son
independientes, hay más espacio para el
crecimiento mutuo. Ambos pueden aprender el
uno del otro, fomentar las pasiones e intereses
del otro y construir una relación basada en la
comprensión y el respeto mutuo.

4. **Mejora de la calidad de la relación**: Las
relaciones en las que ambos socios mantienen su
propia individualidad suelen ser más
equilibradas y satisfactorias. Cada persona entra
en la relación como un individuo completo, lo
que significa que la relación es una adición a sus
vidas en lugar de una necesidad.

5. **Preservación de la identidad**: Mantener tu
independencia garantiza que no pierdas de vista
quién eres realmente. Es fácil, especialmente en
las etapas iniciales de una relación, estar
completamente involucrado en la pareja y en el
mundo que comparten. Sin embargo, es
fundamental recordar hacer espacio también
para uno mismo.

6. **Fortalecimiento de la autoestima**:
Reconocer y apreciar tu propia individualidad

fortalece la autoestima. Cuando te sientes seguro de ti mismo y sabes cuánto vales, eres menos propenso a tolerar comportamientos y situaciones que no reflejan tu propio valor.

Mantener tu propia individualidad e independencia no significa evitar la conexión emocional o limitar la profundidad de la intimidad en una relación. Más bien, significa equilibrar la cercanía con la autosuficiencia, asegurándote de que, mientras compartes tu vida con alguien, no pierdas de vista tu propia identidad.

Equilibrio entre Individualidad y Compartir: En cada relación, existe una dinámica entre querer estar cerca y querer mantener cierta distancia. Esto se puede ver como una interacción entre la independencia y la interdependencia. La clave está en encontrar un equilibrio saludable entre ambas. Por ejemplo, dos individuos pueden tener pasatiempos separados y pasar tiempo con diferentes grupos de amigos, pero también pueden encontrarse para compartir experiencias, historias y actividades juntos.

Respeto por la Autonomía: En muchas culturas, hay un creciente entendimiento de la importancia de la autonomía incluso dentro de una relación. Respetar la autonomía de tu pareja significa reconocer que, aunque son parte de tu vida, tienen derecho a tomar sus propias decisiones, tener sus propias experiencias y seguir sus propios caminos de crecimiento. Este respeto es fundamental para evitar que una relación se vuelva sofocante o limitante.

Impacto en la Salud Mental: La capacidad de mantener tu propia independencia también tiene importantes implicaciones para la salud mental. Las personas que pueden equilibrar eficazmente su independencia con la conexión en una relación tienden a mostrar niveles más bajos de ansiedad y depresión. Además, sentir que tienes cierto grado de control y autonomía en tu vida puedc contribuir a reducir el estrés y mejorar el bienestar general.

Prevención del Resentimiento: Cuando pierdes de vista tu independencia en una relación, puede surgir un resentimiento sutil. Esto puede derivar de la sensación de estar atrapado o de haber sacrificado demasiado de ti mismo. Por el contrario, mantener una sana individualidad puede prevenir la acumulación de estos sentimientos negativos.

Promoción del Crecimiento Personal: Una persona que mantiene su independencia suele estar más inclinada a buscar oportunidades de crecimiento personal, ya sea en términos de educación, desarrollo profesional o exploración personal. Esto, a su vez, puede aportar nuevas energías y perspectivas a la relación.

Creación de Espacios Separados: No se trata solo de mantener intereses o pasatiempos separados, sino también de reconocer la importancia de tener espacios físicos y temporales separados. Estos pueden ser momentos de tranquilidad, reflexión o relajación, lejos de las presiones y expectativas de la relación.

Valorar las Diferencias: Una de las maravillas de las relaciones es que permiten que dos individuos distintos se unan. Al mantener y celebrar estas diferencias en lugar de intentar "fundirse" en una sola entidad, enriqueces la textura de la relación.

La independencia no se trata solo de mantener distintas tus áreas de interés y actividades. También se extiende a cómo te percibes a ti mismo, tus decisiones y cómo manejas conflictos y desafíos dentro de la relación.

Independencia Financiera: Uno de los aspectos fundamentales de la independencia es la libertad financiera. Aunque las parejas a menudo eligen combinar sus finanzas, tener cierta autonomía en esta área puede ser liberador. No se trata solo de ganar y gastar dinero, sino también de tomar decisiones financieras, como inversiones, sin tener que consultar siempre con la pareja. Esta autonomía también puede reducir posibles conflictos relacionados con el dinero dentro de la relación.

Independencia Emocional: Mantener la independencia emocional significa ser capaz de gestionar tus propias emociones y estados de ánimo sin depender excesivamente de tu pareja para la comodidad o la validación. Esto no significa evitar el apoyo emocional, sino más bien poseer las herramientas y la resiliencia para enfrentar los desafíos de manera autoritaria.

Autoestima y Validación: Derivar tu autoestima de logros y valores personales en lugar de la relación es fundamental. Este enfoque te permite no depender demasiado de tu pareja para la validación y la afirmación, reduciendo así el riesgo de desarrollar dinámicas de dependencia.

Manejo de Conflictos: Cuando dos individuos mantienen su propia independencia, a menudo están mejor equipados para manejar los conflictos de manera constructiva. Esto se debe a que, al tener una comprensión clara de sí mismos, pueden comunicar sus necesidades y límites con claridad, sin perder de vista sus propias prioridades.

Crecimiento Independiente: Incluso dentro de una relación, el crecimiento personal continúa. Y este crecimiento puede ocurrir paralelamente con la pareja, pero también de manera independiente. Esto puede incluir aprender nuevas habilidades, ampliar tus horizontes culturales o desarrollarte espiritualmente. La Diversidad como Fortaleza: Cuando cada individuo aporta a la relación una serie diferente de experiencias, conocimientos y habilidades, la pareja en su conjunto puede beneficiarse de un conjunto más amplio de recursos. Esta diversidad, derivada de la independencia de cada uno, puede servir como una fuente de fortaleza y resiliencia para la pareja.

Aprender a Decir No: La independencia también implica aprender a decir "no" cuando sea necesario. Ya sea para proteger tu tiempo, tus espacios o tus valores, la capacidad de establecer límites es esencial para mantener una saludable autoimagen dentro de la relación. Mantener tu propia independencia en una relación no es una tarea fácil. Requiere conciencia, compromiso y, a veces, la valentía de enfrentar resistencias o malentendidos. Sin embargo, los esfuerzos realizados en esta dirección no solo fortalecerán tu sentido de identidad, sino que también enriquecerán la relación, haciéndola más equilibrada, resistente y satisfactoria.

En resumen, la independencia dentro de una relación no representa una barrera entre los socios, sino más bien una plataforma estable en la que ambos pueden construir un vínculo fuerte y duradero.

La Base Fundamental: La independencia proporciona una base sólida, ya que es una expresión de madurez y autorrealización. Esta base permite ingresar a una relación no por dependencia o necesidad, sino por una elección auténtica y consciente, ya que deseas compartir tu vida con otra persona manteniendo al mismo tiempo tu individualidad.

Un Signo de Salud Relacional: Contrario a lo que la cultura popular podría sugerir, la independencia no es una señal de distancia o frialdad. Es una señal de salud relacional. Una relación en la que ambos socios son independientes a menudo se caracteriza por un equilibrio de poder más uniforme, menos conflictos relacionados con dinámicas de control y una mayor capacidad para manejar desafíos externos.

Preservar la Unicidad: La independencia permite que cada individuo preserve y nutra lo que lo hace único. Esta singularidad enriquece la relación, introduciendo nuevas perspectivas, experiencias y formas de abordar los problemas.

Evitar la Codependencia: Mantener una independencia saludable ayuda a evitar trampas como la codependencia, donde uno o ambos socios dependen en exceso del otro para su autoestima, bienestar emocional o estabilidad financiera. Las relaciones codependientes pueden volverse tóxicas y limitar el potencial de crecimiento individual y de pareja.

Autosuficiencia: Ser capaz de depender de uno mismo en diversos aspectos de la vida proporciona una seguridad interna que puede reducir la ansiedad y el estrés dentro de una relación. Esta autosuficiencia, que puede manifestarse en términos emocionales, financieros o en términos de habilidades para resolver problemas, significa que los socios pueden apoyarse mutuamente sin cargar en exceso al otro.

En resumen, la independencia dentro de una relación representa la capacidad de mantener tu propio espacio y tu propia identidad mientras estás profundamente conectado y comprometido con otra persona. Este equilibrio entre individualidad y conexión es clave para construir una relación saludable, satisfactoria y resistente. Las personas independientes pueden enriquecer sus relaciones con profundidad, sustancia y una variedad de experiencias que hacen que cada interacción sea más significativa y cada momento compartido más valioso.

13. Enfrentar la Presión Social: • Cómo lidiar con las expectativas de amigos, familiares y la sociedad.

La presión social es un elemento omnipresente en la vida de muchas personas, especialmente cuando se trata del delicado mundo de las citas y las relaciones. Vivimos en una sociedad que a menudo tiene expectativas bien definidas sobre cómo debemos vivir nuestra vida amorosa, y estos estándares pueden variar según la cultura, el entorno familiar o el grupo social en el que nos encontremos. Esta presión puede manifestarse de diversas formas, desde preguntas intrusivas sobre nuestras parejas hasta la curiosidad sobre por qué seguimos solteros, o las expectativas sobre cuándo deberíamos "sentar cabeza". Así es como puedes enfrentarla:

1. **Reconocer y Definir tus Propias Expectativas:** En primer lugar, es fundamental tener claridad sobre lo que realmente deseas, independientemente de las expectativas externas. Esto requiere una profunda introspección y un diálogo interno sincero. Pregúntate a ti mismo: "¿Qué quiero realmente para mí en una relación? ¿Qué significa una relación satisfactoria y auténtica para mí?"

2. **Fuerte Autoestima:** Cultivar una autoestima sólida puede servir como escudo contra las presiones externas. Si te sientes seguro de tu camino y tus elecciones, será más fácil no dejarte influenciar por las opiniones de los demás.

3. **Comunicación Abierta:** Si alguien, ya sea un amigo, un familiar o un conocido, expresa una opinión no solicitada sobre tu vida amorosa, es importante saber comunicarte de manera abierta y sincera. Explica amablemente que, aunque aprecias su preocupación, tu vida amorosa es una cuestión personal.

4. **Crea un Sistema de Apoyo:** Rodéate de amigos y familiares comprensivos que respeten tus elecciones y te apoyen, independientemente de las presiones sociales. Estas personas pueden ser un refugio cuando te sientas abrumado o frustrado por las expectativas externas.

5. **Establece Límites:** Es fundamental saber establecer límites claros con quienes intenten interfcrir o juzgar tu vida personal. Esto podría significar cambiar de tema, reducir el tiempo con personas especialmente invasivas o, en casos extremos, distanciarse de relaciones tóxicas.

6. **Recuerda que Cada Camino es Único:** No existe un "calendario" predefinido para las citas, el amor o el matrimonio. Cada individuo tiene su propio ritmo y camino único en la vida, y lo que funciona para una persona puede no funcionar para otra.

7. **Educación y Empatía:** A veces, las personas pueden no darse cuenta del daño que pueden causar con sus comentarios o expectativas. En estos casos, puede ser útil educar gentilmente a estas personas, explicando cómo te sientes y pidiéndoles que sean más comprensivos.

8. **Reflexión y Crecimiento Personal:** Utiliza cada comentario o crítica como una oportunidad para reflexionar y crecer. Pregúntate si hay verdad en lo que se dice y qué puedes aprender de ello.

Enfrentar la presión social no se trata solo de cómo te sientes en el contexto de las citas, sino de cómo te mueves en el mundo manteniendo tu autenticidad y tu sentido de identidad. La sociedad, con sus mensajes constantes a través de los medios, las conversaciones diarias e incluso la publicidad, a menudo establece "estándares" sobre cómo debemos vivir, amar y relacionarnos. El desafío no solo radica en reconocer estas presiones, sino también en decidir cómo reaccionar ante ellas.

Cuando se habla de presión social, también se hace referencia a la influencia de las redes sociales. Vivimos en una era en la que nuestra vida amorosa, o la falta de ella, puede estar constantemente bajo los reflectores. Plataformas como Instagram, Facebook y TikTok a menudo muestran solo los aspectos más destacados de la vida de las personas, creando una imagen distorsionada de la realidad. Ver constantemente imágenes de parejas aparentemente perfectas o leer historias de amor ideales puede intensificar la sensación de estar "fuera de lugar" si no te ajustas a estos modelos.

Además, la cultura popular y las películas han alimentado durante mucho tiempo ciertas narrativas sobre el amor y las relaciones. Desde las comedias románticas hasta los programas de televisión, a menudo se presenta una idea de "felicidad eterna", donde las personas encuentran el amor en circunstancias pintorescas y todo termina con un final feliz. Estas historias pueden llevar a creer que, si tu experiencia no se alinea con estos modelos, entonces estás haciendo algo mal.

Las tradiciones culturales y las creencias familiares también desempeñan un papel significativo. En algunas culturas, se enfatiza fuertemente la necesidad de encontrar una pareja a una cierta edad o de formar una familia. Estas expectativas pueden provenir de generaciones pasadas y pueden estar arraigadas en valores culturales o preocupaciones prácticas, como la continuación de la línea de sangre o el cuidado de los padres mayores.

A esto se suma la presión de los pares. Mientras que los amigos comienzan a establecerse, casarse o tener hijos, puede parecer que todos siguen un camino predefinido mientras tú te quedas atrás. Los eventos sociales, como bodas o bautizos, pueden convertirse en fuentes de ansiedad, ya que pueden llevar a preguntas sobre tu estado sentimental o por qué todavía estás soltero.

Finalmente, existe una presión interna, esa voz interna que, influenciada por todos los factores externos, comienza a dudar y cuestionar tus propias elecciones.

Puede que empieces a preguntarte si eres demasiado exigente, si tienes expectativas poco realistas o si simplemente estás perdiendo el "tren del amor".

Sin embargo, es crucial recordar que cada individuo es único. La vida de cada uno tiene un ritmo diferente y lo que funciona para una persona podría no funcionar para otra. Comparar nuestra vida con la de los demás solo puede llevar a la frustración y la insatisfacción. Afrontar la presión social también significa reconocer estas singularidades y abrazar nuestro propio camino, incluso si difiere de la norma.

La comprensión y la aceptación de nuestra individualidad pueden convertirse en herramientas poderosas al enfrentar la presión social. Cuando estamos firmemente arraigados en nuestra identidad y valores, las expectativas externas ejercen menos presión. Pero, ¿cómo llegamos a este punto?

La importancia del diálogo interno: La relación más duradera e influyente que tendremos en nuestra vida es la que tenemos con nosotros mismos. Traer conciencia a nuestros diálogos internos puede revelar cuánto estamos influenciados por las expectativas externas. Hacer preguntas como "¿Realmente quiero esto para mí o lo estoy haciendo porque es lo que esperan de mí?" puede ayudarnos a distinguir nuestros verdaderos deseos de los impuestos.

Rodearse de influencias positivas: Aunque es imposible evitar completamente la exposición a las presiones sociales, podemos controlar en cierta medida las influencias inmediatas. Estar cerca de personas que valoran nuestra individualidad y apoyan nuestras decisiones puede marcar la diferencia. Estas personas pueden servir como "anclas" en momentos de duda e incertidumbre.

El arte de la reflexión y la meditación: Crear espacios para la reflexión personal, ya sea a través de la meditación, la escritura de un diario o simplemente pasando tiempo a solas en la naturaleza, puede ofrecer un respiro de las interminables presiones sociales. Estos momentos brindan la oportunidad de conectarse con nuestro yo interior y realinear nuestros objetivos y deseos.

Educarse: Conocer el origen de las expectativas sociales puede ofrecer una perspectiva sobre por qué existen y ayudar a relativizarlas. Leer e informarse sobre dinámicas sociales, roles de género y relaciones puede proporcionar una mayor comprensión y una perspectiva diferente sobre las presiones que sentimos.

La práctica de la gratitud: Enfocarse en lo que tenemos en lugar de lo que nos falta o en lo que la sociedad dice que deberíamos tener puede transformar nuestra percepción de la vida. La práctica de la gratitud puede brindar una sensación de plenitud y abundancia, atenuando la sensación de carencia o no estar a la altura.

Buscar apoyo profesional: A veces, las presiones sociales pueden volverse abrumadoras, al punto de afectar nuestra salud mental. En estos casos, puede ser útil buscar el apoyo de un profesional, como un terapeuta o consejero, que pueda ofrecer herramientas y técnicas para enfrentar y manejar estas presiones.

Flexibilidad y adaptación: Finalmente, es importante destacar que la vida está en constante evolución. Lo que la sociedad valora o considera importante hoy podría cambiar mañana. Tener la flexibilidad para adaptarse y la resistencia para mantenerse firme en momentos de desafío son cualidades invaluables.

Animarse a ver más allá de las expectativas externas y abrazar nuestro camino único no solo puede brindar una sensación de liberación, sino también llevar a una vida más auténtica y satisfactoria.

Afrontar la presión social no es una tarea fácil, pero es crucial para vivir una vida auténtica y realizada. La sociedad, con sus expectativas y normas, a menudo puede influir profundamente en nuestra percepción de éxito, felicidad y realización. Sin embargo, la clave está en recordar que estas expectativas externas a menudo son el resultado de convenciones culturales, históricas

y sociales que han evolucionado con el tiempo y no
necesariamente representan la "verdad" o la "forma
correcta" de vivir.

La comparación es uno de los desafíos más grandes
que trae consigo la presión social. Compararnos con
los demás, con sus logros, estilos de vida o incluso sus
elecciones de relación, puede causar inseguridad y
duda. Sin embargo, cada individuo es único, con su
propio camino de vida, desafíos, alegrías y penas. Es
esencial recordar que nuestra singularidad es lo que
nos hace especiales.

Las presiones sociales a menudo provienen de
generaciones de creencias y prácticas que pueden no
ser relevantes en el mundo moderno. La libertad de
elegir nuestro propio camino, independientemente de
las expectativas externas, es un acto de valentía. Pero
cuanto más practicamos la asertividad frente a estas
presiones, más fortalcccmos nuestra autoestima y
reafirmamos nuestro valor. Además, es crucial contar
con un sólido sistema de apoyo. Amigos, familiares o
profesionales que comprendan y respalden nuestra
visión de la vida pueden servir como pilares de
fortaleza y como recordatorio de que no estamos solos
en nuestro viaje. La solidaridad a menudo puede
proporcionar una perspectiva renovadora.

En resumen, enfrentar y superar la presión social es
un viaje que requiere conciencia, determinación y

apoyo. Se trata de encontrar nuestro equilibrio entre ser fieles a nosotros mismos y navegar en un mundo lleno de expectativas. Sin embargo, con las herramientas adecuadas y una mentalidad abierta, es posible vivir una vida que refleje verdaderamente quiénes somos, en lugar de lo que la sociedad espera que seamos. Y en este viaje de autenticidad, podemos encontrar una profunda sensación de paz, satisfacción y verdadero éxito.

14. El crecimiento personal durante las citas: • Cómo las citas pueden ayudarte a crecer como individuo.

Las citas, más allá de la simple búsqueda de una pareja, son un viaje de autodescubrimiento y crecimiento personal. Explorar el mundo de las citas puede revelar muchas verdades sobre uno mismo, ofrecer lecciones inesperadas y oportunidades de madurez. Así es cómo las citas pueden catalizar el crecimiento personal.

1. **Mejorar la autoconciencia:** Las citas te ponen en situaciones en las que debes expresar tus expectativas, deseos y límites. Reflexionando sobre lo que deseas en un compañero y en una relación, puedes aprender mucho sobre ti mismo y tus prioridades en la vida.

2. **Aprender empatía y comprensión:** Conocer
   y conectar con personas diferentes te ofrece una
   perspectiva sobre las historias y experiencias de
   los demás. Esto puede aumentar tu capacidad de
   empatía, comprensión y tolerancia.

3. **Desarrollar habilidades de comunicación:**
   La comunicación efectiva es esencial para tener
   citas exitosas. Aprendes a expresar tus
   pensamientos, sentimientos y necesidades de
   manera clara y respetuosa, al mismo tiempo que
   escuchas y comprendes los de tu pareja.

4. **Enfrentar desafíos y desarrollar
   resiliencia:** No todas las citas o relaciones
   serán exitosas. Estas experiencias, tanto
   positivas como negativas, te enseñan a manejar
   decepciones, rechazos y conflictos. Esta
   resiliencia te beneficia en muchas otras áreas de
   la vida.

5. **Reevaluar valores y creencias:** Conocer a
   personas con diferentes perspectivas, valores y
   creencias puede llevarte a reflexionar y, a veces,
   a reevaluar tus convicciones. Puede abrir tu
   mente y hacerte más abierto y receptivo.

6. **Aprender la importancia de la
   independencia:** Si bien las citas a menudo se
   tratan de conectarse con otros, también pueden
   destacar la importancia de sentirse bien contigo

mismo y tener una vida independiente y
satisfactoria.

7. **Desarrollar habilidades de introspección:**
Reflexionar sobre las experiencias de citas, las
reacciones y los sentimientos asociados te brinda
la oportunidad de volverte más introspectivo.
Esta introspección puede ser una poderosa
herramienta de crecimiento.

8. **Desarrollar paciencia y optimismo:**
Encontrar la pareja adecuada puede llevar
tiempo. Las citas te enseñan paciencia,
optimismo y confianza en que las cosas pueden
ir mejor, incluso si no lo parecen en un momento
dado.

**El crecimiento personal a través de las citas no
es un concepto nuevo, sino que está
profundamente arraigado en la experiencia
humana. Las citas, en todas sus facetas,
pueden servir como un prisma a través del cual
nos vemos a nosotros mismos en nuevas luces
y contextos.**

Mejorar la autoestima: Mientras exploras el
mundo de las citas, es natural recibir elogios y críticas.
Estas experiencias pueden ayudarte a desarrollar una
visión equilibrada de ti mismo. Recibir elogios puede
fortalecer tu autoestima, mientras que las críticas o el

rechazo pueden ofrecerte la oportunidad de trabajar
en áreas de mejora sin dejarte desanimar.

Desarrollar una mentalidad de crecimiento: La
mentalidad con la que te enfrentas a las citas puede
influir profundamente en tu enfoque de la vida. Si ves
las citas como una oportunidad de aprendizaje,
desarrollas una mentalidad de crecimiento. Esto te
permite ver los desafíos como oportunidades en lugar
de obstáculos insuperables.

Navegar la vulnerabilidad: Abrirte a alguien en
una cita, compartir tus miedos, sueños y deseos, puede
ser una experiencia profundamente vulnerable. Estas
experiencias te enseñan la importancia de la
vulnerabilidad en la intimidad y te ayudan a ser más
valiente al mostrar tu verdadero yo.

Manejar la soledad: No todas las citas conducen a
relaciones duraderas. Hay momentos en los que
puedes sentirte solo o desear una conexión más
profunda. Aprender a manejar y abrazar la soledad
puede ayudarte a desarrollar una relación más
saludable contigo mismo.

Valorar la diversidad: Conoces a personas de
diferentes contextos culturales, sociales y personales.
Esta diversidad puede ampliar tu visión del mundo y
ayudarte a comprender y apreciar las diferencias
individuales.

Establecer límites: A través de las citas, entiendes mejor lo que te hace sentir cómodo y lo que no. Esta conciencia te ayuda a establecer y comunicar tus límites, promoviendo relaciones más saludables.

Mejorar las habilidades de toma de decisiones: Seleccionar un compañero, decidir a dónde ir en una cita o cuándo avanzar en una relación son todas decisiones que requieren reflexión y discernimiento. Estas elecciones te brindan la oportunidad de perfeccionar tus habilidades de toma de decisiones.

Flexibilidad y adaptabilidad: Las cosas no siempre salen como se espera. Tal vez tu cita llegue tarde o el restaurante que elegiste está cerrado. Estos pequeños contratiempos te enseñan a ser flexible y a adaptarte a los cambios.

En general, cada experiencia de citas, ya sea positiva o negativa, te ofrece una lente a través de la cual puedes verte a ti mismo y al mundo de nuevas y reveladoras maneras. Es un viaje continuo de autodescubrimiento, introspección y, sobre todo, crecimiento.

Madurez emocional: Una de las lecciones más profundas que las citas pueden ofrecer es la madurez emocional. Emociones como los celos, la inseguridad o la felicidad se vuelven más palpables cuando interactúas con un posible compañero. Aprender a navegar y gestionar estas emociones es fundamental para un crecimiento personal sostenible.

Desarrollo de empatía: Cuando te enfrentas a situaciones en las que tu pareja tiene necesidades o sentimientos contradictorios, aprendes la importancia de ponerte en su lugar. Esta capacidad de comprender y compartir los sentimientos de otra persona es esencial no solo en una relación, sino también en las interacciones cotidianas.

El arte de la paciencia: No todas las relaciones despegan inmediatamente; algunas requieren tiempo y paciencia. Esperar a que una relación se desarrolle naturalmente enseña la virtud de la paciencia y la comprensión de que las cosas valiosas en la vida a menudo requieren tiempo. **Importancia de la autoreflexión:** Las citas a menudo te ofrecen un espejo en el que reflexionar. Ya sea sobre un comportamiento que no te gusta en ti mismo o una revelación sobre lo que realmente deseas, las citas te empujan a analizarte a un nivel más profundo. **Resiliencia ante los desafíos:** No todas las citas o relaciones van como se esperaba. Puede haber corazones rotos, malentendidos y desilusiones. Sin embargo, la capacidad de levantarse y volver a intentarlo, armado con sabiduría y comprensión, es un testimonio de la resiliencia humana. **Adquirir habilidades de escucha:** Un aspecto crucial de las citas es escuchar sinceramente a tu pareja. Esto no solo mejora la calidad de la relación, sino que también afina tus habilidades de escucha, haciéndote más atento y presente en las conversaciones. **Conocimiento de diferentes estilos de comunicación:** Las personas se comunican de diferentes maneras. Algunos pueden ser directos, mientras que otros pueden preferir sugerencias sutiles. Reconocer y adaptarse a diferentes estilos de comunicación es una habilidad que puedes perfeccionar a través de las citas. **Evaluación de prioridades:** A menudo, las citas te enfrentan a decisiones que involucran tus prioridades. Ya sea decidir entre pasar tiempo con un compañero o amigos, o comprender cuán importante es la carrera en comparación con la vida amorosa, las citas te obligan a examinar y a veces a redefinir tus prioridades. **Apreciar la soledad:** A pesar de que las citas se centran en la conexión con otros, también te enseñan a valorar el tiempo que pasas solo. Este tiempo se puede utilizar para la reflexión personal, la meditación o simplemente para relajarte. **En el camino de las citas, cada interacción y momento reflexivo contribuye a tu crecimiento personal. Este viaje, con todos sus altibajos, es una oportunidad invaluable para convertirte en la mejor versión de ti mismo.**

El crecimiento personal a través de las citas es un proceso multifacético y profundamente enriquecedor.

Muchas personas ingresan al mundo de las citas con el objetivo principal de encontrar una pareja, pero pronto descubren que el propio viaje ofrece valiosas lecciones de vida. Cada interacción, cada emoción experimentada y cada desafío enfrentado durante las citas contribuye a dar forma y enriquecer a la persona, ayudándola a desarrollar una mayor conciencia de sí misma y de sus relaciones con los demás.

En primer lugar, las citas pueden servir como una lupa de nuestras vulnerabilidades y fortalezas. Ya sea que se trate de inseguridades que surgen cuando nos enfrentamos a un posible compañero o de la alegría que sentimos cuando la conexión es auténtica, las citas nos ofrecen una retroalimentación constante sobre nuestras áreas de crecimiento. Esta retroalimentación, aunque a veces puede ser dolorosa, es esencial para nuestro desarrollo personal, ya que nos permite enfrentar y superar nuestros miedos, prejuicios e inseguridades.

Además, las citas a menudo nos desafían a desarrollar habilidades de comunicación efectivas. La comunicación es la clave de cualquier relación exitosa, y a través de las citas, aprendemos la importancia de expresar nuestros sentimientos, escuchar activamente y resolver conflictos de manera constructiva. Estas habilidades, una vez adquiridas, son transferibles a todas las áreas de nuestra vida, mejorando no solo nuestras relaciones amorosas, sino también las familiares, amistosas y profesionales.

Otro aspecto crucial del crecimiento personal a través de las citas es la oportunidad de reflexionar sobre nuestras prioridades y valores. Mientras buscamos un compañero que refleje nuestros ideales y objetivos de vida, a menudo nos vemos obligados a reflexionar sobre las cualidades que consideramos importantes, el tipo de relación que deseamos y los objetivos de vida que queremos perseguir. Este proceso de reflexión puede llevar a una mayor claridad y comprensión de lo que queremos en la vida.

Finalmente, las citas nos enseñan la importancia de la resiliencia. No todas las citas o relaciones tienen un resultado positivo, y enfrentar desilusiones, corazones rotos o rechazos requiere una gran fortaleza. Sin embargo, superar estos desafíos nos hace más fuertes, más sabios y más capaces de enfrentar las adversidades futuras.

En resumen, aunque las citas a menudo se ven como un medio para encontrar el amor, también representan una oportunidad incomparable para el crecimiento y desarrollo personal. A través de las alegrías y desafíos de las citas, podemos descubrir más sobre nosotros mismos, desarrollar habilidades vitales y convertirnos en individuos más completos y realizados.

**15. La importancia del tiempo para uno
mismo:** Encontrar un equilibrio entre buscar una
relación y cuidarse a sí mismo.

La importancia del tiempo para uno mismo en la
búsqueda y el manejo de una relación es fundamental
para mantener un sentido de equilibrio y bienestar en
la propia vida. En una era en la que estamos
constantemente conectados y abrumados por varios
compromisos, es cada vez más crucial reconocer el
valor de dedicar momentos a nosotros mismos.

El deseo de tener una relación amorosa es innato en
muchos de nosotros. Sin embargo, mientras nos
esforzamos por conectarnos con otros, a menudo
olvidamos cultivar la relación más importante: la que
tenemos con nosotros mismos. Este vínculo interno es
fundamental para nuestra salud mental, emocional y
física. Cuidar de uno mismo no es un acto de egoísmo,
sino más bien una necesidad para llevar una vida
equilibrada y satisfactoria.

Cuando nos tomamos tiempo para nosotros mismos,
no solo recuperamos energías, sino que también
fortalecemos nuestra autoestima, lo que, a su vez,
mejora la calidad de nuestras relaciones externas. Una
persona que está en paz consigo misma, que
comprende y acepta sus propias necesidades y deseos,
tiende a establecer relaciones auténticas y profundas
con los demás.

Además, la búsqueda constante de una relación puede volverse agotadora y generar estrés. Si nos enfocamos exclusivamente en el objetivo de encontrar una pareja, corremos el riesgo de perder de vista quiénes somos realmente y qué queremos de la vida y las relaciones. Esto puede llevar a relaciones apresuradas o compromisos poco saludables.

Por otro lado, tomar tiempo para uno mismo permite reflexionar sobre nuestras experiencias, aprender de nuestros errores y crecer como individuos. Puede tratarse de practicar la meditación, dedicarse a un pasatiempo, leer un libro o simplemente dar un paseo en solitario. Estos momentos son valiosos porque brindan espacios de introspección necesarios para comprender mejor nuestras emociones, aspiraciones y miedos.

Encontrar un equilibrio entre buscar una relación y cuidarse a sí mismo también significa aprender a establecer límites saludables. Si estamos en una relación, es fundamental tener momentos para nosotros mismos, cultivar pasiones personales y mantener un cierto grado de independencia. Esta autonomía no solo fortalece nuestra individualidad, sino que también enriquece la relación, ya que ambos socios aportan experiencias, pensamientos y emociones únicas.

En conclusión, mientras que las relaciones con los
demás son una parte esencial de la vida humana, es
igualmente crucial cultivar la relación con uno mismo.
Encontrar un equilibrio entre estas dos esferas de la
vida asegura una existencia más armoniosa y
satisfactoria. Como dice un antiguo proverbio: "No se
puede verter de un jarro vacío". Cuidar de uno mismo
garantiza que siempre tengamos algo que ofrecer,
tanto a nosotros mismos como a los demás.

16. Reconocer las señales de una relación tóxica:

**16. Reconocer las señales de una relación
tóxica:** Banderas rojas a tener en cuenta y cómo salir
de una situación dañina.

Reconocer las señales de una relación tóxica es
fundamental para proteger el propio bienestar físico,
emocional y psicológico. Las relaciones tóxicas pueden
manifestarse de diversas formas y,
desafortunadamente, muchas personas quedan
atrapadas en estas situaciones porque no reconocen o
niegan las banderas rojas.

Banderas rojas a tener en cuenta:

1. Comportamiento controlador: Una pareja tóxica
a menudo busca controlar todos los aspectos de
la vida del otro, desde las pequeñas decisiones
diarias hasta los grandes momentos de la vida.

2. Celos extremos: Si bien un cierto grado de celos
puede ser natural en una relación, los celos

extremos que conducen a comportamientos
posesivos o acusadores son una clara señal de
alarma.

3. Comunicación poco saludable: Una pareja tóxica
   podría evitar la comunicación abierta, recurrir a
   insultos, gritos o, por el contrario, usar el
   silencio como castigo.

4. Manipulación emocional: Esto puede incluir
   tácticas como culpar, amenazar o usar la lástima
   para obtener lo que se quiere.

5. Aislamiento: Una pareja tóxica podría intentar
   aislar al otro de amigos, familiares u otras
   formas de apoyo externo.

6. Falta de respeto: Esto puede manifestarse a
   través de palabras o acciones que menosprecian
   a la otra pareja.

7. Abuso físico o emocional: Cualquier forma de
   violencia, ya sea física o verbal, es una señal
   inequívoca de una relación tóxica.

8. Dependencia excesiva: Si una pareja depende en
   exceso de la otra para satisfacer todas sus
   necesidades emocionales o físicas, puede indicar
   un desequilibrio poco saludable.

9. Falta de apoyo: En una relación saludable,
   ambas partes se apoyan mutuamente. Si una de

las parejas constantemente desprecia los
objetivos o los sueños de la otra, es una señal
preocupante.

10.	Deshonestidad y falta de confianza: La
confianza es la base de cualquier relación sana.
Las mentiras, los engaños o los secretos pueden
erosionar rápidamente este pilar fundamental.

Cómo salir de una situación dañina:

1. Reconocer el problema: El primer paso para salir
de una relación tóxica es reconocer que la
situación no es saludable.

2. Buscar apoyo externo: Habla con amigos,
familiares o profesionales que puedan ofrecer
una perspectiva externa y apoyo durante este
difícil período.

3. Establecer límites claros: Decide qué
comportamientos no son aceptables y comunica
estos límites a tu pareja.

4. Hacer un plan: Si decides salir de la relación, es
esencial tener un plan sobre cómo hacerlo,
especialmente si te preocupa tu seguridad.

5. Mantén tu seguridad en primer lugar: En
algunas situaciones, especialmente en casos de
abuso, es posible que debas involucrar a las

autoridades o buscar refugio en un centro para víctimas de violencia doméstica.

6. Terapia y asesoramiento: La terapia puede proporcionar herramientas y recursos para superar el trauma de una relación tóxica y construir relaciones más saludables en el futuro.

Reconocer una relación tóxica es aún más desafiante cuando las emociones, el afecto y a veces la historia compartida pueden nublar nuestro juicio. El amor y el afecto pueden llevarnos a justificar o minimizar comportamientos que, si se observan objetivamente, son claramente perjudiciales.

Factores de confusión y autojustificación: Con frecuencia, las personas en relaciones tóxicas pueden encontrarse pensando: "Él/ella no lo hace siempre" o "A veces puede ser realmente dulce". Estos momentos de amabilidad intermitente, combinados con períodos de abuso, crean un ciclo que puede confundir y atrapar a la víctima en una espiral de esperanza y desilusión.

El efecto del tiempo: Con el paso del tiempo, una persona podría volverse insensible o normalizar ciertos comportamientos tóxicos. Lo que al principio era inaceptable se convierte lentamente en tolerado, disminuyendo gradualmente el estándar de lo que se considera aceptable.

El papel de la autoestima: Una baja autoestima puede hacer que una persona sea más vulnerable a las relaciones tóxicas. Pueden sentir que no merecen algo mejor o temer no encontrar otro compañero que los acepte. Esta inseguridad puede convertirse en un terreno fértil para una pareja manipuladora o abusiva.

La influencia del entorno circundante: A veces, la sociedad, la cultura o la comunidad pueden minimizar o justificar comportamientos tóxicos. Frases como "así son los hombres" o "las mujeres son simplemente emotivas" pueden perpetuar estereotipos dañinos y normalizar comportamientos inaceptables.

Impacto en la salud mental y física: Estar en una relación tóxica puede tener graves repercusiones en la salud mental y física. La ansiedad, la depresión, los trastornos alimentarios y los trastornos del sueño son solo algunas de las posibles consecuencias. La continua tensión de vivir en una situación de estrés también puede llevar a problemas físicos como dolores de cabeza, problemas digestivos y una capacidad reducida para combatir enfermedades debido al estrés crónico.

Importancia de la educación: Educarse sobre las señales y comportamientos tóxicos es fundamental. Esto puede ayudar a reconocer las primeras señales antes de que se vuelvan graves. Seminarios, talleres y libros pueden ofrecer una guía valiosa.

El poder de la red de apoyo: Aunque pueda parecer difícil, compartir experiencias con personas de confianza puede proporcionar una perspectiva externa. Amigos y familiares pueden reconocer las señales de una relación tóxica antes que la persona involucrada y pueden brindar un valioso apoyo.

Por último, es fundamental recordar que cada individuo merece respeto, amor y cuidado en una relación. Si estos elementos están ausentes o se ven oscurecidos por comportamientos perjudiciales, podría ser el momento de reconsiderar la relación y buscar apoyo externo.

Reconocer las señales de una relación tóxica es esencial para el bienestar individual y la propia autoestima. Sin embargo, enfrentar y aceptar que se puede estar involucrado en una relación así puede ser difícil y doloroso. Tener una comprensión detallada de lo que hace que una relación sea dañina es el primer paso para protegerse.

1. **Ciclicidad del comportamiento:** Una de las características destacadas de las relaciones tóxicas es la ciclicidad. Momentos de tensión seguidos de un incidente (a menudo un comportamiento dañino), y finalmente una luna de miel en la que todo parece volver a la normalidad. Este ciclo puede repetirse muchas

veces, lo que dificulta que la víctima reconozca la toxicidad o rompa el ciclo.

2. **Normalización del daño:** Con el tiempo, ciertos comportamientos tóxicos pueden parecer normales. La percepción de lo que es normal y lo que no lo es se vuelve borrosa, y la persona involucrada podría comenzar a justificar o minimizar el comportamiento del compañero.

3. **Impacto en la salud:** Una relación tóxica no solo tiene un impacto emocional, también puede manifestarse físicamente. El estrés, el insomnio, problemas digestivos o incluso síntomas de trastorno de estrés postraumático pueden surgir.

4. **Presión externa:** Amigos, familiares o la sociedad a veces pueden presionar a un individuo para que mantenga una relación por diversas razones, como expectativas culturales o preocupaciones sobre la "vergüenza" familiar. Esta presión puede hacer que sea aún más difícil para la persona reconocer o salir de una relación tóxica.

5. **Pasos hacia la curación:** Una vez que se reconoce la toxicidad de una relación, es fundamental buscar apoyo. Esto puede incluir terapia, grupos de apoyo o simplemente hablar con personas de confianza. Salir de una relación

dañina es solo el primer paso; la curación puede llevar tiempo y recursos.

6. **La importancia de la prevención:** Educarse sobre las señales de una relación tóxica y establecer límites claros desde el principio puede ayudar a prevenir involucrarse en relaciones dañinas en el futuro. En conclusión, una relación debería ser una fuente de apoyo, amor y comprensión mutua. Cuando estas cualidades fundamentales faltan o son reemplazadas por comportamientos dañinos, es esencial tener el coraje y los recursos para reconocerlo y tomar medidas para protegerse. Cada individuo tiene derecho a sentirse valorado, respetado y seguro en sus relaciones.

De citas a relación: • Cómo hacer la transición y cuándo es el momento adecuado.

La transición de citas casuales a una relación estable y comprometida es uno de los pasos más cruciales en el camino romántico de muchas personas. Cada historia de amor es única, pero existen algunos signos y consideraciones universales que pueden orientarte para entender cuándo y cómo realizar esta transición de manera efectiva y consciente.

1. **Comunicación clara:** En primer lugar, la
   claridad en la comunicación es fundamental. Si
   sientes que la relación se está volviendo más
   seria y deseas comprometerte de manera más
   profunda, es esencial expresar tus sentimientos a
   la otra persona y ver si ella comparte tus
   emociones e intenciones.

2. **Exclusividad mutua:** Con el tiempo, es
   posible que comiences a notar que ambos eligen
   pasar su tiempo libre juntos en lugar de con
   otras personas o posibles parejas. Esto a menudo
   es un signo de que ambos ven al otro como un
   posible compañero a largo plazo.

3. **Compartir valores y objetivos de vida:**
   Antes de dar el gran paso, es importante evaluar
   si comparten valores similares y tienen objetivos
   de vida compatibles. Esto puede incluir
   opiniones sobre la familia, la carrera, los valores
   éticos, entre otros.

4. **Presentación a amigos y familiares:**
   Cuando comienzas a presentar a tu pareja a tus
   seres queridos y viceversa, a menudo es un signo
   de que la relación se está volviendo más seria y
   que ambos ven un futuro juntos.

5. **Abordar expectativas:** Hablen abiertamente
   sobre sus expectativas para el futuro de la
   relación. ¿Ambos desean un compromiso a largo

plazo? ¿Existen problemas o preocupaciones que deben abordarse?

6. **Enfrentar desafíos juntos:** Observa cómo enfrentan los desafíos o conflictos como pareja. Si pueden navegar juntos por momentos difíciles y encontrar soluciones como equipo, este es un signo positivo para una relación duradera en el futuro.

7. **Determinar el momento adecuado:** No hay un calendario fijo para cuándo es el momento adecuado para pasar de las citas a una relación. Para algunos, podría ser después de unas semanas, para otros podrían ser necesarios meses. Lo importante es que ambos se sientan preparados y estén en la misma página.

8. **Mantener la individualidad:** Aunque decidan comprometerse en una relación, es vital mantener su propia individualidad. Esto significa respetar sus espacios personales, tener pasatiempos o actividades individuales y no perder de vista quiénes son como individuos.

9. **Establecer límites:** Una vez que decidan iniciar una relación, es importante establecer límites claros en lo que ambos se sienten cómodos, ya sea en términos de comunicación, intimidad, expectativas de tiempo u otras áreas de la vida en pareja.

10. **Crecimiento y adaptación:** Recuerda
que las relaciones requieren trabajo,
comprensión y adaptación. A medida que
realizan la transición, es fundamental
mantenerse abiertos al aprendizaje y al
crecimiento junto con tu pareja.

Confianza mutua: La confianza es la piedra angular de cualquier relación sólida. Construir la confianza requiere tiempo, sinceridad y coherencia. No se trata solo de ser leales el uno al otro, sino también de poder depender mutuamente en momentos de necesidad, ser transparentes en sus intenciones y demostrar integridad en todos los aspectos de sus vidas.

Compromiso: En cualquier relación, especialmente cuando se vuelve más seria, el compromiso se vuelve esencial. Ambos deben estar dispuestos a ceder en ciertos puntos por el bien de la relación. Esto no significa sacrificar sus valores fundamentales, sino encontrar un terreno común en cuestiones menores, como dónde pasar las vacaciones o cómo dividir las responsabilidades domésticas.

Compartir experiencias: Compartir experiencias, ya sean positivas o negativas, puede fortalecer el vínculo entre dos personas. Viajar juntos, enfrentar desafíos, celebrar éxitos o simplemente pasar noches tranquilas en casa pueden crear recuerdos duraderos que forman la base de su historia de amor.

Compromiso financiero: Una vez que la relación se vuelve más seria, es posible que comiencen a compartir responsabilidades financieras, como el alquiler, las facturas o incluso planificar compras más grandes, como una casa o unas vacaciones. Discutir abiertamente las finanzas y establecer un plan sobre cómo manejar el aspecto económico puede prevenir conflictos futuros.

Integración en las respectivas familias: Además de presentar a su pareja a sus seres queridos, una relación seria también puede requerir participar en eventos familiares, festividades y ocasiones especiales, como bodas o bautizos. Estas situaciones pueden ofrecer una oportunidad para comprender mejor el trasfondo y los valores de su pareja.

Planificación del futuro: Mientras que las citas pueden centrarse en el "aquí y ahora", una relación seria a menudo lleva a la planificación del futuro. Esto podría incluir discusiones sobre matrimonio, formación de una familia, prioridades profesionales y dónde desean vivir a largo plazo.

Enfrentar desafíos: Todas las relaciones atraviesan períodos difíciles. Ya sea por estrés externo, como problemas laborales o de salud, o por tensiones internas, como desacuerdos o malentendidos, es fundamental tener las habilidades y la paciencia para enfrentar estos momentos. Una relación sólida se construye sobre la capacidad de superar adversidades juntos.

Reflexión y autoanálisis: Con el tiempo, es útil que ambos reflexionen sobre la dirección en la que se dirige la relación. ¿Hay aspectos que podrían mejorarse? ¿Existen problemas no resueltos que deben abordarse? Tomarse el tiempo para la introspección puede ayudar a garantizar que la relación siga siendo sólida y saludable.

El paso de citas casuales a una relación comprometida está lleno de oportunidades y desafíos. Ambos socios deben estar dispuestos a arriesgarse, ser vulnerables y aprender el uno del otro. Con dedicación, comprensión y compromiso, es posible construir una base sólida para una relación duradera.

En el contexto de las citas y la formación de relaciones duraderas, hay aspectos adicionales y reflexiones a considerar:

Expectativas claras: Una vez que se alcanza cierto nivel de cercanía, es importante que ambos socios expresen claramente sus expectativas. Esto podría involucrar cuestiones como la monogamia, la participación con amigos y familiares, o simplemente cómo pasar el tiempo libre. Comunicar abiertamente sus esperanzas y expectativas puede prevenir posibles malentendidos.

Hábitos diarios: Cuando comienzan a pasar más tiempo juntos, emergen los hábitos y rutinas diarias de cada uno. Puede ser necesario realizar pequeños ajustes en sus rutinas para integrar mejor la presencia del otro en sus vidas. Esto podría incluir formas de vida, ritmos de sueño, preferencias alimenticias y más.

Manejo de conflictos: Con una mayor cercanía, también pueden surgir conflictos. En lugar de evitarlos, es importante abordarlos con madurez, escuchando activamente el punto de vista del otro y buscando soluciones constructivas.

Expansión de horizontes: Estar en una relación también puede ofrecer la oportunidad de explorar nuevas actividades o intereses. Tal vez tu pareja tenga pasatiempos o pasiones que desconocías, y viceversa. Sumergirse juntos en nuevas experiencias puede fortalecer el vínculo.

Apoyo emocional: A medida que la relación se profundiza, proporcionar apoyo emocional mutuo se vuelve fundamental. Esto podría significar consolar a tu pareja durante momentos de estrés o tristeza, o celebrar juntos los éxitos.

Educación mutua: Cada individuo aporta a la relación una mochila de experiencias, conocimientos y perspectivas. Siempre hay algo nuevo que aprender del otro, ya sea habilidades prácticas, conocimientos culturales o simplemente una forma diferente de ver el mundo.

Salud y bienestar: Con una relación más seria, pueden surgir temas relacionados con la salud y el bienestar de cada uno, desde la dieta y el ejercicio hasta la salud mental y emocional. Apoyarse mutuamente en estas áreas puede llevar a una vida más saludable y feliz juntos.

Consideraciones legales y financieras: En algún momento, podrías empezar a considerar aspectos más formales de tu relación, como la convivencia, la compra de bienes juntos o incluso el matrimonio eventualmente. Estas decisiones pueden tener implicaciones legales y financieras que es importante considerar cuidadosamente.

Mantener la individualidad: Aunque es natural que dos personas se acerquen en una relación, es fundamental recordar la importancia de la individualidad. Cada pareja debe tener su espacio y tiempo para sí mismos, para cultivar sus propios intereses y mantener un sentido de identidad personal.

La transición de citas casuales a una relación estructurada es un camino único para cada pareja. Sin embargo, a través de la comprensión mutua, la comunicación y el compromiso, es posible construir una base sólida que pueda respaldar una relación duradera y gratificante.

En conclusión, la transición de citas ocasionales a una relación estable es un proceso delicado, complejo y a menudo no lineal. Esta fase crucial puede determinar la estabilidad y la resiliencia de una relación a largo plazo. Algunos factores clave a tener en cuenta durante esta transición incluyen:

Temporización y ritmo: No todas las relaciones se desarrollan al mismo ritmo. Es esencial respetar su propio tiempo y el de su pareja. Presionar demasiado o demasiado rápido puede causar tensiones, mientras que avanzar demasiado lentamente podría indicar falta de interés o compromiso.

Comunicación: Durante esta etapa, es fundamental mantener canales de comunicación abiertos y honestos. Discutir sentimientos, expectativas y preocupaciones puede ayudar a ambos socios a comprender mejor la dirección en la que se está moviendo la relación y abordar cualquier problema antes de que se vuelvan insuperables.

Conciencia: A medida que se acerca a un compromiso más profundo, es esencial reflexionar sobre lo que realmente desea en una relación y si su pareja actual satisface esos deseos. Nunca debería ingresar a una relación seria simplemente por hacerlo o por presiones externas.

Evaluación de valores y objetivos: Compartir valores fundamentales y objetivos de vida puede ser un fuerte indicador de la compatibilidad a largo plazo. Si existen diferencias fundamentales, es hora de abordarlas y considerar si pueden resolverse.

Intimidad y vulnerabilidad: A medida que la relación se profundiza, se exponen de manera más significativa el uno al otro. Esta vulnerabilidad puede ser aterradora, pero también es una parte fundamental para construir una conexión profunda y significativa.

Consideraciones prácticas: En algún momento, podrían surgir discusiones sobre cuestiones prácticas, como la convivencia, las finanzas compartidas o la planificación futura. Estas discusiones pueden revelar más compatibilidad o áreas de preocupación.

Apoyo externo: Amigos, familiares y consejeros pueden ofrecer valiosas perspectivas externas sobre la relación. Aunque la decisión final siempre recae en la pareja, tener en cuenta los comentarios externos puede ser útil.

En resumen, la transición de las citas a una relación seria requiere reflexión, comunicación y compromiso de ambas partes. Cada relación es única, pero acercarse a esta etapa con apertura, honestidad y cuidado puede ayudar a las parejas a construir una base sólida para un vínculo duradero.

18.   El papel de la intimidad: • Abordar la intimidad física y emocional en una relación. La intimidad, tanto física como emocional, es un componente fundamental de las relaciones románticas. Representa la profundidad del vínculo entre dos individuos, influyendo en la calidad y duración de la propia relación. Exploraremos los diversos aspectos y facetas de la intimidad en las relaciones: **Intimidad emocional:** La intimidad emocional implica la capacidad de compartir sentimientos, miedos, esperanzas y sueños con la pareja, sintiéndose comprendido y aceptado. Se trata de la profundidad de la conexión emocional entre dos personas, el nivel de confianza mutua y la capacidad de ser vulnerables el uno con el otro.

1. **Vulnerabilidad:** Para alcanzar una auténtica intimidad emocional, es esencial permitirse ser vulnerables. Esto significa abrirse sinceramente y expresar los propios sentimientos, incluso aquellos de inseguridad o miedo.

2. **Escucha activa:** La intimidad crece cuando se escucha sinceramente a la pareja, tratando de comprender sus sentimientos y preocupaciones sin juzgar.

3. **Empatía:** Sentir con la pareja, y no solo por ella, es un elemento clave de la intimidad

emocional. La empatía permite conectarse a un nivel más profundo, mostrando comprensión y apoyo. **Intimidad física:** La intimidad física se refiere a la conexión y el contacto físico entre dos personas. Puede variar desde gestos cariñosos, como tomarse de las manos o abrazarse, hasta momentos de mayor pasión e intimidad sexual.

4. **Expresión del deseo:** La capacidad de comunicar abiertamente los propios deseos y necesidades físicas es esencial para construir una intimidad física satisfactoria.

5. **Conciencia del propio cuerpo:** Sentirse cómodo con el propio cuerpo y comprender sus necesidades es fundamental para construir una auténtica conexión física con la pareja.

6. **Respeto de los límites:** Cada individuo tiene límites diferentes cuando se trata de intimidad física. Respetarlos y comunicarlos claramente es esencial para construir confianza y comprensión. **Equilibrio entre intimidad emocional y física:** No siempre la intimidad física y emocional avanzan al mismo ritmo en una relación. Puede ocurrir que una pareja tenga una profunda intimidad emocional pero luche por encontrar una conexión física, y viceversa.

7. **Comunicación:** Hablar abiertamente sobre las propias necesidades y expectativas ayuda a

encontrar un equilibrio entre la intimidad física y emocional.

8. **Paciencia:** Puede haber momentos en los que uno de los tipos de intimidad luche por desarrollarse. Ser paciente y dar tiempo a la pareja para abrirse o adaptarse es crucial.

9. **Desafíos y obstáculos:** Algunas personas pueden encontrar difícil abordar la intimidad debido a traumas pasados, inseguridades personales o relaciones anteriores tóxicas. Es fundamental reconocer estos obstáculos y, si es necesario, buscar apoyo externo o terapéutico para enfrentarlos. En resumen, la intimidad, ya sea emocional o física, es un aspecto esencial de las relaciones. Requiere comunicación, comprensión, respeto y compromiso de ambas partes para desarrollarse plenamente y sostener una conexión auténtica y duradera. La intimidad en una relación no es un concepto estático, sino que evoluciona y cambia con el tiempo, según las etapas de la vida, las experiencias y los cambios personales de cada pareja. Es una danza intrincada de emociones, sensaciones y deseos que deben equilibrarse y renegociarse constantemente.

10. **Exploramos aún más este concepto sumergiéndonos en las diferentes**

dimensiones de la intimidad: Conexión mental: Además de la intimidad emocional y física, existe la intimidad intelectual. Este tipo de conexión se desarrolla cuando dos personas comparten pensamientos, ideas y discusiones profundas. Una conversación estimulante puede ser tan íntima y gratificante como un abrazo o un beso.

11. **Intimidad espiritual:** Algunas parejas encuentran una profunda conexión a través de la espiritualidad o la religión. Este tipo de intimidad puede manifestarse de muchas formas, como la oración compartida, la meditación o la participación en rituales religiosos juntos. La intimidad espiritual puede proporcionar una sólida base de valores y creencias compartidas.

12. **Intimidad a través de intereses compartidos:** Compartir pasatiempos y pasiones puede fortalecer el vínculo entre dos personas. Ya sea cocinar juntos, hacer senderismo o ver películas, estas actividades compartidas pueden convertirse en momentos especiales de conexión.

13. **La rutina y la intimidad diaria:** La intimidad no siempre se manifiesta en grandes gestos o conversaciones profundas. A veces, está

presente en las pequeñas cosas, como desayunar juntos todas las mañanas, enviarse mensajes durante el día o simplemente el acto de dormirse uno al lado del otro todas las noches.

14. **Desafíos a la intimidad:** Hay varios factores que pueden obstaculizar la intimidad en una relación. El estrés, los problemas de salud, los problemas laborales o familiares pueden crear una barrera. En estos momentos, es importante reconocer la importancia de buscar momentos de conexión, incluso si son breves o simples.

15. **Tecnología y intimidad:** Vivimos en una era en la que la tecnología desempeña un papel predominante en nuestra vida diaria. Si bien puede ayudar a mantener una conexión con la pareja, especialmente a larga distancia, también puede convertirse en un obstáculo si se usa en exceso. Es esencial encontrar un equilibrio, asegurándose de dedicar tiempo a la conexión cara a cara.

16. **La necesidad de espacio:** Si bien la intimidad es fundamental, también es importante reconocer el valor del espacio personal. Cada individuo necesita tiempo para sí mismo, para reflexionar, recargar energías o simplemente relajarse. En general, la intimidad en una relación es un mosaico de diferentes conexiones

que se entrelazan entre sí. Es un viaje de
descubrimiento y comprensión mutua que
requiere compromiso, comunicación y amor.
Cada relación tiene su propio ritmo único, y
encontrar el equilibrio adecuado de intimidad es
un proceso que se desarrolla y cambia con el
tiempo.

La intimidad a menudo se ve como el latido del
corazón de una relación. Más allá de las definiciones
tradicionales, la intimidad se extiende mucho más allá
del ámbito físico o emocional, convirtiéndose en una
comprensión profunda y una interconexión entre las
personas. Diferentes facetas de la intimidad pueden
arrojar más luz sobre su complejidad y profundidad:

Intimidad como resonancia empática: Cuando
dos personas están íntimamente conectadas, a
menudo pueden "sentir" las emociones del otro,
incluso sin palabras. Esta resonancia empática permite
que cada pareja perciba la alegría, el dolor, la emoción
o la tristeza del otro, creando un vínculo profundo que
va más allá de la simple comprensión.

Crecimiento a través de la vulnerabilidad:
Mostrarse vulnerable es un aspecto crucial de la
intimidad. Revela quiénes somos realmente, con todas
nuestras virtudes y defectos. A través de la

vulnerabilidad, mostramos nuestra verdadera esencia a la pareja, permitiendo una conexión auténtica.

Intimidad como reflejo: En una relación profundamente íntima, la pareja a menudo actúa como un espejo, reflejando aspectos de nosotros mismos que podríamos no ver. Esto puede llevar a profundas realizaciones personales y crecimiento mutuo.

Intimidad y cronología: Con el tiempo, la historia compartida entre las parejas se convierte en una forma de intimidad en sí misma. Los recuerdos compartidos, los desafíos superados juntos y las aventuras vividas contribuyen a formar un vínculo único que solo esas dos personas pueden entender completamente.

El arte de la no comunicación: A veces, la intimidad no requiere palabras. Puede encontrarse en un silencio compartido, una mirada o un simple gesto. Estos momentos de no comunicación a menudo pueden decir más que mil palabras.

Intimidad en momentos difíciles: Es fácil sentirse conectado cuando todo va bien, pero la verdadera intimidad también se muestra en momentos de crisis. Cómo una pareja enfrenta los desafíos juntos, se apoya mutuamente y navega a través de las tormentas puede revelar la profundidad de su conexión.

Adaptación y cambio: Las personas cambian con el tiempo, y las relaciones también lo hacen. La intimidad requiere una adaptabilidad continua, reconociendo y aceptando los cambios en uno mismo y en la pareja.

Límites e intimidad: A pesar de buscar la intimidad profunda, es esencial reconocer y respetar los límites. Cada individuo tiene límites personales, y una parte de la intimidad es aprender dónde se encuentran estos límites y cómo respetarlos.

La intimidad más allá de la pareja: Aunque principalmente estamos discutiendo la intimidad en un contexto romántico, es esencial reconocer que la intimidad puede existir en muchas otras formas. Las amistades profundas, los lazos familiares e incluso las conexiones con mascotas pueden ofrecer niveles de intimidad que enriquecen nuestra experiencia humana. En resumen, la intimidad es un concepto multifacético, un viaje en constante evolución que requiere atención, cuidado y una profunda autoconciencia y conciencia del otro. A través de la intimidad, se nos invita a ver y ser vistos, conocer y ser conocidos de maneras que enriquecen profundamente nuestra experiencia de la vida y las relaciones.

La comprensión de la intimidad en una relación va mucho más allá del simple conocimiento o familiaridad física con tu pareja. La intimidad, en su esencia más pura, es la fusión de almas, mentes y cuerpos en una unión que trasciende la simple presencia física. Es la capacidad de ver y ser visto, de entender y ser entendido, sin juicio y con total aceptación.

Profundidad emocional: La intimidad tiene sus raíces en la profundidad de las emociones compartidas. Permite que cada pareja se sienta segura, acogida y amada por lo que realmente es, sin máscaras ni defensas. Esta profundidad emocional puede ofrecer una sensación de pertenencia y conexión que es rara y valiosa.

Vulnerabilidad: En el corazón de la intimidad está la vulnerabilidad. Se trata de derribar barreras, exponiendo nuestras inseguridades, miedos, esperanzas y sueños a nuestra pareja. Esta apertura permite un grado de comprensión y conexión que de otro modo no sería posible.

Resonancia empática: La intimidad también se manifiesta a través de una profunda empatía mutua, donde cada individuo puede percibir y resonar con las emociones del otro. Esto crea un ciclo de comprensión y apoyo, fortaleciendo aún más el vínculo entre las parejas.

Crecimiento y adaptación: La verdadera intimidad no es estática. Evoluciona y crece con el tiempo, adaptándose a los desafíos y cambios que cada pareja experimenta en la vida. Esta capacidad de crecer juntos, en lugar de separados, es fundamental para mantener una conexión profunda y significativa.

Respeto de los límites: A pesar de buscar una intimidad profunda, es esencial reconocer y respetar los límites personales. Este equilibrio entre cercanía y espacio individual permite una conexión sana y mutuamente respetuosa. En conclusión, la intimidad es uno de los pilares fundamentales de una relación sana y satisfactoria. Debe ser cultivada con cuidado, atención y compromiso por ambas partes. Cuando es auténtica y mutua, la intimidad puede elevar una relación por encima de los desafíos diarios, creando un vínculo que puede resistir las tormentas de la vida. A través de la intimidad, las personas no solo comparten su existencia física, sino que se fusionan emocional, mental y espiritualmente, experimentando la belleza y profundidad de una conexión auténtica y duradera.

19. Gestión de conflictos: • Técnicas y consejos para enfrentar y resolver conflictos en una relación. La gestión de conflictos es un elemento crucial en cualquier relación. Todos los vínculos, independientemente de cuán sólidos o saludables sean, inevitablemente enfrentan momentos de desacuerdo o tensión. Sin embargo, la capacidad de abordar estos momentos con madurez y comprensión puede marcar la diferencia entre una relación que se fortalece a través de los desafíos y una que se debilita y potencialmente se rompe.

- **Escucha activa:** Antes de responder o reaccionar ante un conflicto, es esencial escuchar atentamente lo que el otro tiene que decir. Esto no significa solo escuchar las palabras, sino también tratar de comprender las emociones y sentimientos que están detrás de esas palabras. La escucha activa requiere un esfuerzo consciente para ponerse en el lugar del otro y tratar de ver la situación desde su perspectiva.

- **Comunicación no violenta:** Esta técnica se centra en expresar los propios sentimientos y necesidades de manera honesta pero no acusatoria. Se trata de hablar en primera persona, evitando culpar o criticar a la pareja. Por ejemplo, en lugar de decir "Me haces sentir ignorado", se podría decir "Me siento ignorado cuando no me prestas atención".

- **Tomarse un respiro:** Si una discusión se está volviendo especialmente acalorada o emocional, puede ser útil tomar un descanso. Esto brinda a ambos socios la oportunidad de calmarse, reflexionar y volver al problema con una mente más clara.

- **Respeto mutuo:** Incluso en momentos de desacuerdo, es fundamental mantener un sentido de respeto mutuo. Esto implica evitar gritar, insultar o hacer comentarios despectivos. El respeto es la base sobre la cual se construye la confianza y la comprensión.

- **Búsqueda de soluciones de compromiso:** A menudo, los conflictos surgen de diferencias de opinión o deseos. En lugar de tratar de "ganar" la discusión, es útil buscar soluciones que puedan satisfacer a ambas partes, incluso si eso implica hacer concesiones.

- **Consulta profesional:** Si los conflictos se vuelven frecuentes o especialmente graves, puede ser útil consultar a un terapeuta de pareja o a un mediador. Estos profesionales pueden ofrecer herramientas y técnicas para ayudar a las

parejas a comunicarse de manera más efectiva y
resolver conflictos.

La gestión de conflictos, aunque es un arte complejo,
puede ser explorada desde muchos aspectos,
analizando matices y detalles adicionales relacionados.
La capacidad de gestionar conflictos no solo es una
habilidad clave para mantener relaciones saludables,
sino que también puede influir en el crecimiento
personal y el bienestar emocional.

- **Autoconciencia:** La comprensión de uno
mismo y de las propias reacciones emocionales
es el primer paso para gestionar conflictos de
manera efectiva. Preguntarse por qué una
determinada situación o comentario provoca una
cierta reacción puede ayudar a comprender las
propias inseguridades o puntos sensibles. Una
vez identificados, se vuelve más fácil abordarlos
y comunicarlos a la pareja.

- **Evitar el lenguaje absoluto:** El uso de
palabras como "siempre" o "nunca" puede
generalizar y empeorar un conflicto. Por
ejemplo, decir "Nunca me escuchas" puede
parecer un juicio total, mientras que "A veces me
siento no escuchado" deja espacio para el diálogo
y la comprensión.

- **Retroalimentación constructiva:** En lugar
de centrarse solo en lo que está mal, es útil

presentar las cosas en un tono positivo, sugiriendo cómo podrían mejorar. Este enfoque es menos propenso a poner a la pareja a la defensiva y abre el camino a una comunicación más productiva.

- **Empatía:** Trate de imaginarse cómo se sentiría si estuviera en el lugar de su pareja. Esta perspectiva puede ayudar a comprender sus acciones y reacciones, incluso si no las comparte. La empatía puede crear un ambiente más compasivo para resolver desacuerdos.

- **Evitar la estancación:** Cuando un conflicto parece estar dando vueltas sin una solución a la vista, puede ser útil cambiar el enfoque o el entorno. A veces, dar un paseo o cambiar la conversación a un lugar diferente puede ayudar a romper el estancamiento.

- **Aceptar las diferencias:** No todos los problemas se resolverán con un acuerdo mutuo. A veces, aceptar que se tienen opiniones diferentes y acordar en no estar de acuerdo puede ser la mejor manera de avanzar.

- **Recordar el panorama general:** En medio de un conflicto, puede ser fácil perder de vista el panorama general. Sin embargo, es esencial recordar por qué está en esa relación y cuáles son los aspectos positivos que la hacen especial.

Esto puede ayudar a poner las cosas en perspectiva y centrarse en lo que realmente importa.

* **Establecer "reglas":** Algunas parejas encuentran útil establecer reglas básicas para los conflictos, como no irse a la cama enojados o no elevar la voz. Estas reglas pueden servir como pautas para garantizar que los desacuerdos sigan siendo productivos y respetuosos. Además, en el contexto de la gestión de conflictos, es importante recordar que cada persona y cada pareja es única. Lo que funciona para una pareja puede no funcionar para otra. La clave está en encontrar un equilibrio y técnicas que se adapten a sus necesidades y dinámicas específicas.

Gestión de conflictos en una relación: Existen otros aspectos y consideraciones a tener en cuenta en la gestión de conflictos en una relación. Mientras hemos examinado una serie de estrategias y enfoques, vale la pena explorar aún más otras facetas de esta dinámica crucial.

* **Comunicación no verbal:** Además de las palabras, nuestro cuerpo comunica mucho. Los ojos, la postura y el tono de voz pueden transmitir mensajes poderosos. Por ejemplo, un tono de voz frío o una mirada evasiva pueden

comunicar distancia o enojo, incluso si las palabras pronunciadas son neutras. Ser consciente de la comunicación no verbal propia y entender correctamente la del compañero puede marcar una gran diferencia en la comprensión mutua.

- **Respeto por el tiempo:** Si uno de los compañeros no está listo para discutir o está demasiado emocional, puede ser beneficioso posponer la conversación a un momento en el que ambos puedan hablar con la cabeza más fría.

- **Terapia de pareja:** En algunos casos, podría ser útil buscar la ayuda de un profesional, como un terapeuta de pareja. Estos especialistas están capacitados para ayudar a las parejas a navegar por los conflictos, ofreciendo herramientas y estrategias para mejorar la comunicación y la comprensión mutua.

- **Reconocer errores propios:** La humildad desempeña un papel crucial en la gestión de conflictos. Reconocer cuándo se ha estado equivocado o cuándo se podría haber manejado una situación de manera mejor es esencial para construir la confianza y la intimidad.

- **Escucha activa:** Esta técnica implica escuchar atentamente lo que el otro está diciendo sin interrumpir y luego parafrasear o repetir lo que se dijo para asegurarse de haber entendido correctamente. La escucha activa puede prevenir malentendidos y mostrar al compañero que realmente te preocupas por lo que tiene que decir.

- **Gestión del estrés:** El estrés externo, como el trabajo o las preocupaciones financieras, puede afectar la dinámica de la relación. Encontrar formas de manejar el estrés individual, como la meditación, el ejercicio físico o pasar tiempo en la naturaleza, puede prevenir conflictos innecesarios causados por tensiones externas.

- **Educación propia:** Hay numerosos libros, cursos y seminarios dedicados al arte de la comunicación y la gestión de conflictos en las relaciones. Invertir tiempo en la autoeducación en estas áreas puede ofrecer nuevas perspectivas y herramicntas útiles.

- **Conflito como oportunidad:** En lugar de ver el conflicto como un problema, puede ser visto como una oportunidad para crecer y profundizar la conexión en la relación. Enfrentando los problemas de frente y superando los desafíos juntos, las parejas pueden fortalecer su vínculo y construir una base más sólida para el futuro.

En general, es esencial recordar que los conflictos son una parte natural de cualquier relación. Lo que realmente importa es cómo se manejan y cómo pueden utilizarse como trampolín para una conexión más profunda y un amor más fuerte.

La gestión de conflictos en una relación es uno de los aspectos fundamentales para determinar la salud y la longevidad del vínculo entre dos personas. Al profundizar, podemos reflexionar sobre sus facetas intrínsecas y las herramientas que las parejas pueden usar para abordar y resolver las diferencias.

- **Orígenes del conflicto:** En la base de cada conflicto, a menudo hay una diferencia en opiniones, valores, expectativas o necesidades. Estas diferencias pueden surgir de antecedentes culturales, educativos o familiares diferentes, experiencias pasadas de relaciones o cambios en la dinámica de la vida, como el estrés laboral o la llegada de un hijo.

- **Importancia de la comunicación:** La clave para resolver conflictos radica en la capacidad de comunicarse de manera efectiva. Esto no significa simplemente hablar, sino compartir sentimientos, necesidades y preocupaciones de una manera que el otro pueda entender. El objetivo no es ganar una discusión, sino encontrar una solución conjunta que satisfaga a ambos.

- **Empatía:** Ponerse en el lugar del otro es fundamental. La empatía permite ver la situación desde otra perspectiva y comprender las razones y emociones del otro. Tal comprensión a menudo puede reducir las tensiones y facilitar una solución.

- **Gestión de las emociones:** Durante un conflicto, las emociones pueden intensificarse. Reconocer y gestionar las propias emociones es crucial para evitar que la situación empeore. Esto puede incluir tomar un descanso, respirar profundamente o incluso posponer la discusión si es necesario.

- **Límites y fronteras:** En cada relación es importante establecer y respetar ciertos límites. Esto incluye comportamientos aceptables durante una disputa. Por ejemplo, se debe evitar gritar, insultar o usar un lenguaje ofensivo.

- **Construcción de soluciones:** En lugar de centrarse en el problema, las parejas deben trabajar juntas para encontrar soluciones. Esto puede requerir compromisos de ambas partes, pero al final puede llevar a una solución que fortalezca la relación.

- **Prevención:** Una vez identificadas las causas comunes de conflicto, las parejas pueden trabajar para prevenirlos en el futuro. Esto podría incluir la planificación de revisiones regulares, el establecimiento de nuevas rutinas o la adopción de técnicas de manejo del estrés.

- **Los expertos y la terapia:** Si los conflictos continúan repitiéndose y las estrategias adoptadas no parecen funcionar, puede ser útil consultar a un terapeuta de pareja u otro profesional. A veces, contar con una tercera parte neutral puede ayudar a identificar problemas profundos y trabajar en soluciones.

- **En conclusión:** Abordar los conflictos en una relación no solo es inevitable, sino que también puede ser constructivo. Si se manejan adecuadamente, pueden ofrecer oportunidades de crecimiento, profundizar la comprensión mutua y fortalecer el vínculo entre los compañeros. La esencia radica en el enfoque: abordar los conflictos con amor, respeto y el objetivo de una comprensión conjunta puede transformar estos momentos en hitos significativos en la historia de una pareja.

Conclusión: Reflexiones finales y aliento para las mujeres a entrar en el mundo de las citas con confianza y autenticidad.

Conclusión: Reflexiones sobre el Arte de las Citas

A lo largo de este amplio viaje a través de los múltiples aspectos del mundo de las citas, hemos explorado diversas temáticas, desde los detalles prácticos de las citas en línea, la química, la gestión del rechazo y los conflictos, hasta el crecimiento personal y la gestión de la intimidad. Estas reflexiones sirven para construir una visión holística de lo que significa aventurarse en el vasto mundo de las citas en una época tan compleja y en constante evolución.

Pero más allá de las técnicas, consejos y estrategias, hay un mensaje central que emerge: la importancia de la autenticidad y la confianza en uno mismo.

- **Autenticidad:** Es fácil perderse en el tumulto de las citas, tratando de adaptarse a lo que creemos que podría gustarle a alguien más o a lo que la sociedad nos dice que deberíamos ser. Sin embargo, la verdadera conexión se basa en ser auténticos con nosotros mismos y con los demás. Esto no significa que no haya momentos en los que nos adaptemos o hagamos compromisos, pero en el núcleo de nuestra esencia, una mujer debería sentirse libre de ser ella misma.

- **Confianza:** La confianza no se trata solo de sentirse seguras con nuestra pareja o en el entorno de citas, sino también de creer en nosotras mismas, en nuestro valor y en nuestra capacidad para tomar decisiones. Cada mujer tiene el derecho de sentirse valorada, respetada y amada por lo que realmente es.

- **Desafíos y Crecimiento:** Cada etapa de la vida presenta sus desafíos, y el mundo de las citas no es una excepción. Pero, como en cualquier desafío, siempre hay oportunidades de crecimiento. Cada cita, cada relación, ya sea que dure una noche o toda la vida, ofrece valiosas lecciones que pueden enriquecer el alma y profundizar la comprensión de uno mismo.

- **Mirar hacia adelante:** Las mujeres de hoy están desafiando y redefiniendo los roles de género tradicionales y las expectativas sociales en muchos aspectos de la vida, incluyendo las citas. Y aunque pueda haber presión externa para conformarse con ciertos estándares o modelos, es esencial recordar que cada persona tiene su propia trayectoria única en el amor y su propio viaje de descubrimiento.

En última instancia, la clave para navegar con éxito en el mundo de las citas es hacerlo con autenticidad, compasión por nosotras mismas y apertura a las infinitas posibilidades que la vida tiene para ofrecer. Así que a todas las mujeres que se aventuran en este viaje, las animo a hacerlo con confianza y valentía, sabiendo que cada paso, cada experiencia, contribuirá a tejer la trama única y valiosa de su historia de amor.

Conclusión del Libro: La Odisea de las Citas - Un Viaje de Crecimiento y Autenticidad

El arte de las citas no es solo un viaje para encontrar una pareja, sino también un viaje de autodescubrimiento. A lo largo de este libro, hemos navegado a través de veinte capítulos esenciales que ofrecen una visión completa de lo que significa aventurarse en el mundo de las citas en el siglo XXI.

Recursos Útiles: Si deseas profundizar más o buscar apoyo en tu camino de citas, aquí tienes algunos recursos en línea y guías que podrían ser útiles:

1. **Blog de OkCupid:** Un blog que ofrece perspicacias basadas en datos e investigaciones sobre citas.

2. **Dra. Alexandra Solomon:** Una psicóloga que ofrece consejos sobre relaciones y amor.

3. **Instituto Relate:** Un espacio que proporciona recursos y herramientas para relaciones saludables.

4. **PsychCentral:** Artículos y consejos sobre bienestar emocional y relaciones.

Además, hay muchas guías y libros que profundizan en temas específicos tratados en nuestro libro. Asegúrate de investigar y encontrar lo que resuena contigo y tu situación personal.

En conclusión, las citas son un viaje, no un destino. Mientras navegas en este camino, recuerda mantener tu autenticidad, estar abierta y tener confianza, sabiendo que cada experiencia contribuye a tu continuo viaje de crecimiento y autodescubrimiento.

¡Buena suerte!

www.ingramcontent.com/pod-product-compliance
Lightning Source LLC
Chambersburg PA
CBHW071425150726
48000CB00001B/475